1. 3. 2001

Viel Lesevergnügen

[illegible]

MEIN GELIEBTES DEUTSCHLAND

ERIC F. SIDLER

Mein geliebtes Deutschland

Kritische
Reflexionen
eines
Gastarbeiters

Charles Barker Verlag

Lektorat: Hans-Jürgen Schneider
Umschlaggestaltung: Bert Klemp
Produktion: Siegfried Thoma
Fotos: Jochen Keute (1), Simone Kratz (2),
Helga Lade Fotoagentur (1),
Erich Lessing/Magnum/Focus (2),
Porsche-Archiv (1), Zefa Fotoagentur (1)
Druck und Bindung: Pustet, Regensburg

Printed in Germany

Die Deutsche Bibliothek – CIP-Einheitsaufnahme
Sidler, Eric F.: Mein geliebtes Deutschland :
kritische Reflexionen eines Gastarbeiters / Eric F. Sidler. –
Frankfurt (Main) : Barker, 1995
ISBN 3-00-000347-9

2. Auflage 1996

Gedruckt auf chlor- und säurefreiem Papier

INHALT

I

TRAUMLAND IN TRÜMMERN

1946. Der zweite Weltkrieg war endlich zu Ende, und mit knapp 15 Jahren durfte ich zum ersten Mal in das Land, das ich in meiner Jugend immer schon kennenlernen wollte. Goethe, Schiller, Schopenhauer und viele andere waren die täglichen Begleiter meiner Schulzeit in der Schweiz gewesen. Zur damaligen Zeit aber war eine Reise nach Deutschland wie heute eine Weltreise.

Die Erwartungen waren groß. Mein Vater, Verleger einer der wichtigsten Tageszeitungen der Schweiz, wollte in Deutschland den möglichen Absatz für sein Blatt feststellen lassen. Eine große Vertriebsorganisation in Köln war bereit, dies zu übernehmen. Plakate mit dem Bild von Konrad Adenauer, der regelmäßig die Neue Zürcher Zeitung las, waren schon für den Einsatz vorgesehen.

Ein Packard, eine komfortable amerikanische Limousine, stand uns mit Chauffeur für die Fahrt zur Verfügung. Eine Höllenfahrt. Die Straßen waren in einem desolaten Zustand, und das Stück Autobahn war die reinste Berg- und Talbahn. Nichts als

Löcher und am Straßenrand Dreck, soweit das Auge reichte. Die erste Station war eine Raststätte, ein völlig vergammeltes Restaurant, rundherum von Kot und Abfall eingerahmt. Das Essen war einmalig. Ein Stück Fleisch, etwas zarter als meine Schuhsohle, die Kartoffeln schwammen in einem billigen Öl, und alles war mit einer dicken Mehlsauce übergossen.

Bleich und hager waren die Gesichter. Es wurde wenig gesprochen, und wir wurden von oben bis unten mit verlangenden Augen angestarrt. Der Eindruck auf mich als verwöhnten Jungen war niederschmetternd. Dies war mein großes Nachbarland? Natürlich hatte ich von der enormen Zerstörung durch den Krieg gelesen, aber daß dieses wunderschöne Land, wie ich es in Büchern kennengelernt hatte, so total am Boden lag, war für mich unfaßbar.

Der nächste Aufenthalt war Frankfurt. Im Zentrum wurden wir in einem alten Kasten von Hotel untergebracht. Saubere Betten, aber die Matratze war alles andere als schlaffördernd. Die Organisation ließ nichts zu wünschen übrig, doch es herrschte eine beängstigende Stille. Nichts von der lebhaften Freundlichkeit der Italiener oder der arroganten Beflissenheit der Franzosen. Nein, es war eine bedrückende Effizienz.

Das Abendessen war genauso überzeugend wie das Essen in der Raststätte. Lediglich das Fleisch war etwas weniger hart, aber für Schweizer Verhältnisse war das Ganze unzumutbar. Ich mußte unbedingt an die frische Luft, und während mein Vater und der Chauffeur sich noch einen Schnaps zu Gemüte führten, erforschte ich die unmittelbare Umgebung des Luxushotels. Eine etwas verlebte junge Dame offerierte mir ihre Dienste mit den Worten: „Ich bin bereit, dir die Geheimnisse des Lebens beizubringen." Keine Chance, ich war zu scheu und hatte Angst vor den Konsequenzen. Zwar war die Neugier groß, aber die Furcht war noch größer.

Selbstverständlich, wie sich dies gehört für fleißige Schweizer, waren wir am Wochenende gefahren, damit mein Vater am Montag morgen mit der Arbeit anfangen konnte, während ich die Stadt Frankfurt einen Tag lang besichtigen durfte. Schade, daß unsere erste Reise uns nicht nach München gebracht hatte; dann wäre mein erster Eindruck von Deutschland möglicherweise ganz anders gewesen. Denn Frankfurt war – weit mehr noch als München – eine zerstörte Steinwüste.

Die Menschen waren alle emsig, und kaum jemand stand auf der Straße, um sich zu unterhalten. Es war wie eine Szene aus dem Charlie-Chaplin-Film „Der große Diktator". Kaum ein Lächeln, kein Gruß, jeder ging pflichtbewußt seiner Arbeit nach. Die Kleider waren farblos, die Gesichter grau und müde.

Das einzig Auffallende in der Stadt waren die lauten Amerikaner. Die Geschäfte waren kaum dekoriert, und die vorhandene Ware machte auf mich den Eindruck, als käme sie aus einem Antiquitätengeschäft in Zürich.

Ich war deprimiert und fühlte mich irgendwie mitschuldig, hatten wir doch in der Schweiz – außer der Rationierung von

Speisen und Getränken – kaum etwas vom Krieg mitgekriegt, und dieses Volk hatte alles verloren, weil es an diesen wahnsinnigen „Führer" geglaubt hatte. In der deutschen Schweiz hatte es übrigens mehr als genug Mitläufer gegeben. Mein

In der deutschen Schweiz hatte es mehr als genug Nazi-Mitläufer gegeben. Aber darüber durfte man nach dem Krieg nicht sprechen.

Vater – als liberaler Volkspolitiker – stand auf der schwarzen Liste der Schweizer Nazis, und einige hundert Schullehrer in Zürich hatten sich für den Anschluß an Nazi-Deutschland ausgesprochen. Auch in der höchsten Heeresführung, auf der Seite der Deutschschweizer, gab es eine überwältigende Zahl von Nazis. Ein Glück, daß die Schweiz einen Welschschweizer als General hatte, sonst wären wir wahrscheinlich mitmarschiert wie die Österreicher. Aber darüber durfte man nach dem Krieg nicht sprechen, denn selbstverständlich konnte es in der heilen Schweiz keine Nazis geben. Wir wußten es besser.

Obwohl dieser erste Besuch in Deutschland meinen Jugendtraum zerstört hatte und ich mehr als gern in meine heile Welt zurückkehren wollte, hatten die unterschiedlichen Eindrücke meinen Respekt vor dem deutschen Volk gewaltig erhöht. Am Boden zerstört, von der ganzen Welt geschmäht, verarmt und unterernährt, aber seine fleißige Besessenheit war stärker als

alles andere. Und mit dieser positiven Einstellung, das Land wieder aufzubauen, wurde das Fundament für das spätere Wirtschaftswunder gelegt.

Es sollten zwölf Jahre vergehen, bis mich das spätere Berufsleben wieder nach Deutschland brachte und mir klar und deutlich vor Augen geführt wurde, was man in diesem Land in diesen wenigen Jahren erreicht hatte.

Inzwischen hatten andere Jugendträume meine Phantasie beflügelt. Die Traumfabrik Hollywood mit ihren Leitfiguren wie Humphrey Bogart, James Cagney, Edward G. Robinson und Clark Gable hatte mich in ihren Bann geschlagen, und ohne mein Studium der Jurisprudenz zu beenden, entschloß ich mich nach dem Militärdienst in der Schweiz, nach Amerika auszuwandern.

Mein Vater war von diesem Vorhaben begeistert, hatte ich doch seiner politischen Karriere einige Probleme bereitet. Trunkenheit am Steuer, Verführung von Mitschülerinnen, Beleidigung von Professoren und andere Jugenddelikte, die allerdings im nachhinein gar nicht so harmlos waren, wie wir in jugendlichem Leichtsinn annahmen.

Allerdings waren die Amerikaner mit ihrem Visum nicht sehr entgegenkommend, und mein Vater mußte einen Bürgen finden, einen amerikanischen Staatsangehörigen, der während meines Aufenthaltes in den USA dafür geradestand, daß ich dem Staat nicht zur Last fiel. 10.000 Dollar war die Bürgschaftssumme, zu diesem Zeitpunkt ein enormes Geld, etwa das Jahresgehalt eines Schweizers in einer Spitzenposition. Aber wie immer in meinem Leben, ich hatte großes Glück, und schon bald war ich nach Amerika unterwegs.

Bis Ende der 50er Jahre versuchte ich dort mein Glück im Hotelgewerbe und mit dem Verkauf von Werbemitteln. Schlußendlich landete ich beim „Wall Street Journal" in San Francisco, nachdem ich zwischendurch noch zwei Jahre Militärdienst geleistet hatte, davon die meiste Zeit in der Kanalzone in Panama. Nach der ehrenhaften Entlassung (honorable discharge) aus der Armee war ich frischgebackener amerikanischer Staatsbürger.

Das „Wall Street Journal" schickte mich schon kurz darauf nach London, sein europäisches Hauptquartier. Von da an ging die Reise los. Dreizehn Jahre lang fuhr ich im Auftrag meiner Zeitung um die ganze Welt, acht Monate im Jahr. Den Rest der Zeit verbrachte ich in meinem Haus außerhalb Londons.

II

BEGEGNUNGEN IM WIRTSCHAFTSWUNDERLAND

1958. Die Rückkehr nach Deutschland war ein freudiger Anlaß.

Ich hatte nämlich von London aus mehrere Monate vorher mein Traumauto bestellt, ein weißes Porsche-Cabriolet. Denn trotz meines jugendlichen Alters hatte ich bereits einen gutbezahlten Job als Europa-Vertreter der hochangesehenen amerikanischen Wirtschaftszeitung „The Wall Street Journal". Der Dollar stand zur D-Mark bei 1 zu 4, und mit diesem Kurs konnte ich leben wie ein Fürst. Zusätzlich hatte ich Termine bei der damals wichtigsten deutschen Wirtschaftsprominenz, bei Abs, Mommsen, Beitz und anderen Halbgöttern, vor denen ich ehrfürchtigen Respekt empfand.

Um die Jugend meiner knapp 25 Jahre etwas zu überdecken, rauchte ich die längsten Hofnarr-Zigarren, natürlich mit Bernsteinhalter. Somit war die gesamte Waffe etwa 20 Zentimeter lang, was bei dem ersten wichtigen Termin auch prompt zu einer größeren Kalamität führte. Von der Drehtür des neuen

Hochhauses der damaligen Phoenix-Rheinrohr wurde meine Zigarre zweigeteilt, und ich verbrannte mir kräftig die Jacke. Das war die Strafe für meine Angeberei.

Die zweite Blamage kam beim Abendessen. Mommsen, Boß eines großen Ruhrunternehmens, hatte mich in ein bekanntes Renommierlokal eingeladen, dessen Spezialität Schnecken waren. Ich hatte noch nie Schnecken gegessen, weder in der Schweiz noch in Amerika gab es diese Viecher auf den Tagesmenüs. Aber ich war ja ein Mann von Welt. Mit der Behauptung, ich hätte bereits Schnecken zum Mittagessen genossen, glaubte ich mich der Situation entziehen zu können. Aber ich hatte kein Glück. Mein Gastgeber bestand darauf, daß ich wenigstens eine Schnecke kostete. Die Überwindung, dieses scheußliche Biest zu verspeisen, kann ich heute noch kaum beschreiben. Auf alle Fälle war mir den ganzen Abend sterbenselend. Und ich schwor, nie mehr den Connaisseur vorzutäuschen.

Schnecken, Porsches, Fräuleinwunder, Kö-Promenade, Geschäfte voll mit eleganter Ware; schöne Klamotten, freundliche Gesichter – was für ein Gegensatz zu dem Deutschland, das ich in den vierziger Jahren kennengelernt hatte!

Aber es war auch schon eine andere Entwicklung erkennbar, die ich weniger erfreulich fand. Monatelang hatte ich mich auf meinen Porsche gefreut, und am Wochenende hatte ich ihn beim Porschehändler Moll im Schaufenster bewundert. Montag sollte das große Ereignis sein, die Auslieferung mit Zollnummer.

Nachdem ich meine letzten Pfennige zusammengekratzt hatte, einschließlich eines Darlehens von meiner Mitarbeiterin, konnte ich nun 10.800 DM für diesen Feuerschlitten auf den Tisch blättern. Damals viel Geld; heute aber kostet ein nagelneuer Porsche runde 140.000 DM. Von wegen Stabilität und geringe Inflationsrate ...

Aber ich wurde schwer enttäuscht. Der Chefverkäufer, ein feiner älterer Herr, druckste herum und war sichtlich erregt. Das Auto sei nicht lieferbar, und ich müsse nochmals einige Monate warten. Damals wurden nur wenige Exemplare pro Tag von Hand gefertigt. Aber ich hatte doch meinen Wagen im Schaufenster gesehen!

Meine Farbe, meine Ledersitze, alles genauso wie von mir bestellt. Dem Verkäufer wurde es sichtbar noch peinlicher. Aber ich setzte Druck an und drohte, im Wall Street Journal einen Artikel zu veröffentlichen über den schlechten Kundendienst der Firma Porsche (obwohl mir natürlich bewußt war, daß dies gegen die journalistische Ethik verstieß – aber ich wollte es ja nicht wirklich tun, sondern nur ein bißchen Angst machen). Jetzt wurde es ihm erst recht ungemütlich, denn er wußte natürlich auch, daß schon damals der amerikanische Markt – einschließlich der in Europa stationierten Amerikaner – das größte Kundenkontingent des Hauses Porsche stellte. Nun endlich kam die Wahrheit heraus: Die Frau des Juniorchefs hatte das Auto im Schaufenster gesehen, und ohne Rücksicht auf mich als Kunde hatte der ihr mein Auto geschenkt. Der feine ältere Herr sollte mich vertrösten.

Nach meinem mehrjährigen Aufenthalt in den USA und den Erfahrungen an meinem Wohnsitz in England konnte ich eine solch bodenlose Unverschämtheit nicht fassen. Ich sagte dem gepeinigten Verkäufer klipp und klar, daß ich alle Hebel in Bewegung setzen würde, bis ich mein bestelltes Auto ausgeliefert bekäme. Verängstigt – ich hatte ihn richtig angeschrien – griff er zum Telefon und sprach offensichtlich mit dem Seniorchef. Ich hörte etwas von „Wall Street Journal“ und „Vater Verleger der Neuen Zürcher Zeitung“. Beflissen wandte er sich danach an mich mit der Zusage, daß morgen nachmittag der Wagen für mich bereitstünde.

Aus diesem Erlebnis hatte ich gelernt, daß die Furcht vor negativer Publizistik Berge versetzen kann. Allerdings hatte ich zusätzlich gelernt, daß die Deutschen von Kundenservice und Kundenpflege im Hinblick auf den Mangel an vorhandener Ware wenig verstanden. Das Resultat für diesen Händler war, daß ich die nächsten dreißig Jahre meine Porsches in Frankfurt kaufte.

Bei Hermann Josef Abs hatte ich das Gefühl, eine Audienz bei einem mächtigen Fürsten zu bekommen.

Mein Ego kannte nunmehr keine Grenzen. Ein solches Auto mit gerade 25 Jahren und ein gut bezahlter Job beim hochangesehenen Wall Street Journal. Auch die zu meinem Selbstbild passende Begleiterin fehlte nicht, hatte ich doch die Vize-Schönheitskönigin von Schweden nach ein paar Wochen heißer Liebe geheiratet.

Aber neben dem Vergnügen drohte die Arbeit.

Mein erster, absolut wichtigster Termin war in Frankfurt bei dem Herrn, von dem alle Deutschen in der Finanzwelt mit Ehrfurcht sprachen, Hermann Josef Abs. Mein Vater, ein guter Bekannter von Axel Springer, hatte bei dem Termin etwas nachgeholfen, denn die Neue Zürcher Zeitung war in Deutschland bedeutend höher angesehen als das Wall Street Journal. Zusätzlich hatten viele Deutsche in Führungspositionen kurz nach dem Krieg keine andere Qualitätszeitung zur Verfügung. Ich hatte mich gut auf das Gespräch vorbereitet. Denn ich wollte auch eine gute Geschäftsidee vortragen und nicht nur ein Interview führen, um das Wall Street Journal zu verkaufen.

Bei meiner Anmeldung hatte ich das Gefühl, eine Audienz bei einem mächtigen Fürsten gewährt zu bekommen. Eine ganz andere Atmosphäre als die meist lockere Zugänglichkeit von Spitzenmanagern in den USA. Wobei damit nicht etwa gesagt werden soll, daß in anderen Ländern Spitzenmanager nicht genauso unnahbar und überheblich sein können wie in Deutschland. Ganz im Gegenteil; die Franzosen zum Beispiel können in dieser Hinsicht auch einiges bieten (man denke nur an das arrogante Gehabe eines de Gaulle).

Abs selbst, Spitzenmann der mächtigen Deutschen Bank, war allerdings alles andere als überheblich oder unnahbar. Ein freundlicher älterer Herr mit einem eher verschmitzten Lächeln – das war mein Eindruck. Auch wenn ich ihn später reden hörte, hatte ich immer das Gefühl, daß er die große Fähigkeit besaß, über sich selbst lachen zu können. Allerdings: Neuen Ideen stand er nicht gerade aufgeschlossen gegenüber. Man erinnere sich an seinen verbalen Kampf gegen diese furchtbare amerikanische Neuerung genannt Leasing.

Die Idee, die ich dem großen Herrn vortrug, war, die Deutsche Bank solle DM-Reiseschecks in den Umlauf bringen, da über kurz oder lang die Deutschen wieder reisen würden. Und das Reisescheckgeschäft bringt zinsfreies Geld. Ich hatte dies gelesen in Verbindung mit dem großen Cash-flow von American Express, der sich schon damals in der Größenordnung von ein bis zwei Milliarden Dollar bewegte – immerhin zinsfreies Geld!

Abs zeigte ein gutmütiges Lächeln und meinte wohlwollend: „Lieber junger Mann, die Deutsche Bank ist nicht im Reisegeschäft." Damit war meine Idee – oder besser meine gestohlene Idee – erledigt. Schade. Ich habe ausgerechnet, daß dieser Vorschlag, der dann erst viele Jahre später umgesetzt wurde, einige Milliarden in die Kasse gespült hätte. Aber wer hört schon auf einen jungen Nichtbanker unter Bankern?

Neben den Interviews mit Vertretern der Wirtschaft und Politik war ich auch beauftragt, ein Büro in Deutschland zu eröffnen.

Die Frage war damals, ob in Düsseldorf oder Frankfurt. Meine Präferenz als Privatperson lag bei München oder Hamburg – in dieser Reihenfolge. Von den beiden vorgeschlagenen Städten gab ich eindeutig privat Düsseldorf mein Votum. Schönere Frauen, schönere Geschäfte und ein eleganteres Ambiente, aber außer den Japanern gab es wenig Ausländer in Düsseldorf.

Nach einer sorgfältigen Analyse kam ich zu der Überzeugung, daß Frankfurt der richtige Ort sei, obwohl mehrere Großbanken sowie das „Handelsblatt" ihren Hauptsitz unter anderem in Düsseldorf hatten. Es war so üblich, gerade bei Banken, aber auch bei Unternehmen wie der AEG, mehrere Hauptsitze zu unterhalten. Meine Analyse hatte viel damit zu tun, daß für mich Bonn ein großes Dorf war und in Frankfurt die damals regierenden Amerikaner sich ausbreiteten – „regierend" im Sinne demokratischer Aufpasser, denn Deutschland war ja schließlich ein besetztes Land, was die armen Deutschen im Osten allerdings sehr viel mehr zu spüren bekamen als die Deutschen im Westen.

Daß man jetzt Ostdeutschen Prozesse macht wegen Spionage und anderer Stasi-Vergehen – abgesehen von wirklichen Verbrechen –, ist für mich als Ausländer unverständlich. Sollen doch die Westdeutschen dem lieben Herrgott danken, daß sie sich unter den westlichen Alliierten entfalten durften und nicht wie die Ostdeutschen jahrzehntelang unter der russischen Unterdrückung leiden mußten. Jetzt müßte man diese Dinge doch vergeben und vergessen können. Deshalb war das Bundesgerichtshof-Urteil dazu nur maßvoll und richtig.

Ein unvergeßliches Erlebnis war mein erster Besuch in Stuttgart bei Daimler-Benz und Porsche. Es war der größte Gegensatz, den ich mir vorstellen konnte. Bei Porsche wurde ich aufgenommen wie ein Familienmitglied, man zeigte mir stolz die Fabrik, wo alles handgefertigt wurde von Handwerkern und Arbeitern, die kompetent und sauber aussahen. Man arbeitete ruhig und fleißig, ohne sich von dem Besuch ablenken zu lassen.

Betreut wurde ich von einem früheren Rennfahrer, der mich auf eine Probefahrt mitnahm. Er erkundigte sich vorher sehr höflich, ob ich schnelles Fahren gewohnt sei. Ich versicherte ihm, daß meine Nerven in bester Ordnung waren, hatte aber keine Ahnung, wie perfekt der frühere Bergmeister ein Auto beherrschen konnte. Ich hatte immer geglaubt, ich sei ein guter Autofahrer und war auch der Überzeugung, daß ich sehr schnell fahren könne. Aber nach dieser Probefahrt war mir klar,

Bei Bankern und Ruhrbaronen hatte ich mich daran gewöhnt, daß viele ihre Unsicherheit mit Arroganz überspielten.

daß meine Fahrkünste denen eines Anfängers glichen. Er fuhr souverän, ruhig, ohne Hektik, aber mit einer Geschwindigkeit, die für mich einfach nicht möglich war. In Kurven war ich überzeugt, der Porsche werde herausfliegen, und meine Hände wurden immer feuchter, während ich den Türgriff umklammerte.

Ich wurde auch zum Essen eingeladen, bekam ein paar kleine Geschenke, und man gab mir das Gefühl, daß ich eine wichtige Person sei. Meine Begeisterung war so groß, daß ich gleich wieder einen neuen Porsche bestellte; ich glaube, es war ein Super 90.

Bei Bankern und Ruhrbaronen hatte ich mich daran gewöhnt, daß viele ihre Unsicherheit mit Arroganz überspielten. Das Interview mit Ferry Porsche, knapp eine Stunde, war eine angenehme Überraschung. Ferry Porsche war völlig relaxed und liebenswürdig. Seinen Ausführungen konnte man deutlich entnehmen, daß er ein begeisterter Sportwagenfahrer war. Trotz seiner Wärme konnte man jedoch in seiner Ausstrahlung den eisernen Willen spüren, den später mehrere Spitzenmanager vergeblich zu ignorieren suchten.

Über dreißig Jahre später, bei einem Mittagessen mit Arno Bohn, dem damaligen Vorstandsvorsitzenden, wurden mir die Gründe für den Erfolg von Porsche endgültig klar. Es war die totale Identifizierung der Mitarbeiter mit dem Unternehmen, das die Stärke der Firma ausmachte. Bohn war alles andere als der Typus des Sportwagenfahrers, aber er war trotzdem sichtlich stolz auf „seine“ verschiedenen Modelle. Nachdem ich mich beim Essen über den Typ 968 lustig gemacht hatte und das Modell als eine langweilige Kutsche bezeichnete, war er spürbar beleidigt und lud mich zu einer Probefahrt ein, um mich von dem Auto zu überzeugen. Für mich aber blieb es dabei: Das war kein echter Porsche, sondern ein Durchschnitts-Sportwagen, der auch von Ford oder Opel auf den

Markt hätte gebracht werden können. Es fehlte das Image, der Biß auch von der Form her.

Mein nächster Besuch war bei Daimler-Benz. Zunächst ließ man mich knapp eine Stunde im Vorzimmer des Vorstandes warten, dann wurde ich in das Zimmer des Herrn geführt. Ohne von seinem Schreibtisch aufzustehen bedeutete mir der Manager, daß er wenig Zeit habe und das Wall Street Journal für Daimler-Benz unwichtig sei. Er schwadronierte in arroganter Weise über „das beste Auto der Welt" und war offensichtlich stolz darauf, daß seine Kunden teilweise länger als ein Jahr auf ihr Auto warten mußten. Das war wohl sein Verständnis von Kundendienst.

Ich fand die Autos von Mercedes – mit ein paar rühmlichen Ausnahmen – stets langweilig und eckig und zudem die Sitze meistens unbequem. Das englische Automobil-Journal „Autocar" verglich den Komfort eines Mercedes einmal mit einem Traktor. Kein schlechter Vergleich, wenn man an die S-Klasse denkt, die in den neunziger Jahren auf den Markt kam. Sicher mag das Auto mit Chauffeur mehr als komfortabel sein, aber für Selbstfahrer ist er wohl nicht sehr praktisch; brauchen doch die meisten fast zwei Parkplätze, um dieses Ungeheuer abzustellen.

Hochmut kommt vor dem Fall, hatte ich einmal gelernt. Tatsächlich verspürte ich eine gewisse Schadenfreude, als Jahrzehnte später dieselbe Firma Wall Street mit einer großen Show für sich gewinnen wollte. Für mich viel zu spät. Selbst die Bilanz wurde jetzt den Anforderungen der Amerikaner angepaßt – mit dem Ergebnis, daß in Deutschland ein Gewinn ausgewiesen wurde und in den USA gleichzeitig ein Verlust. Zusätzlich mußten die Herren in Stuttgart auch lernen, Autos zu verkaufen, als es in den neunziger Jahren nötig wurde; man lud mich als Firmeninhaber tatsächlich zu einem Golfturnier ein.

Die Visite in Wolfsburg eröffnete für mich eine neue Welt. Ich hatte den „Käfer" immer bewundert und wußte sehr wohl, daß der erste Porsche mit dem Volkswagen sehr viel gemeinsam hatte, stammte er doch von demselben Vater.

Was ich allerdings nicht verstehen konnte: Wie verdiente ein Autohersteller mit nur einem Modell kein Geld? Nach dem Besuch war mir alles klar. Ich wurde großzügig bewirtet, man war informativ und freundlich, aber die gesamte Atmosphäre erinnerte mich an einen Staatsbetrieb; bürokratisch, kompliziert und mit viel zu vielen Mitarbeitern.

Die drei besuchten Autofirmen waren für mich die typischen Beispiele der deutschen Wirtschaft. Porsche, der Mittelstandsbetrieb mit Schneid, Stolz und der selbstverständlichen Überzeugung, daß sich Leistung lohnt. Daimler-Benz, das überhebliche Unternehmen mit hervorragenden Produkten, aber ohne Ahnung von Kundenservice und effizientem Marketing, zusätzlich mit einer erbärmlichen Öffentlichkeitsarbeit. Journalisten wurden behandelt, als wären sie Aussätzige. Und schließlich das Staatsunternehmen Volkswagen, ohne Phantasie, mit einem exzellenten, aber langweiligen Produkt und einer Mannschaft, bei der man immer fürchten mußte, sie dreht das Licht ab und man steht plötzlich im Dunkeln, weil die Schicht zu Ende ist.

In München waren meine Besuche immer eine Stufe angenehmer als in irgendeinem anderen Teil Deutschlands. Es herrschte überall eine Atmosphäre der Lebensfreude. Die Biergläser waren so gewaltig wie die Busen der Serviererinnen und die Bäuche der Männer. Die Stimmung war auch alkoholisiert

Mercedes behandelte Journalisten, als wären sie Aussätzige.

immer herzlich, nie aggressiv oder bösartig. Für mich ist Bayern der gefühlvollste Teil Deutschlands, ein Land, wo konservativer Geist mit Humor und Lebensfreude angereichert wird. Schade, daß die CSU nicht überregional vertreten ist. Sie hätte den Deutschen viele Steuern und Enttäuschungen erspart.

Die beiden Firmen, die in München auf meiner Liste standen, waren Siemens und BMW. Siemens war für mich ein Rätsel. Auf der einen Seite war es ein effizientes Unternehmen mit hochmotivierten, stolzen Mitarbeitern. Auf der anderen Seite war Siemens ein rücksichtsloses Monopol, das für ein paar veraltete Telefone und einige Drähte einem Mittelständler Tausende von Mark aus der Tasche stahl unter dem Vorwand, dies sei die berechtigte Ablösesumme für den abgeschlossenen Vertrag. Ein Glück, daß später internationale Konkurrenten auf den Markt kamen, die im Sinne der Kunden für eine Ablösung dieser Knebelverträge sorgten. Sicher ist, daß die Monopolstellung Siemens nicht gut bekommen ist. Das Unternehmen war nicht in der Lage, rechtzeitig ein konkurrenzfähiges Handy auf den Markt zu bringen. Und sein Computer-Abenteuer mit Nixdorf bestätigt, wie Monopolsituationen zu Trägheit und Überheblichkeit führen.

Das war bei BMW ganz anders. Das Unternehmen war im Prinzip pleite, aber es herrschte trotzdem Aufbruchstimmung. Ein Anwalt aus Frankfurt war zum Vorstandsvorsitzenden ernannt worden, und mir wurde klar, daß BMW auf Erfolgskurs eingepeilt war. Der krasse Gegensatz zur Überheblichkeit von Daimler-Benz und der bürokratischen Trägheit von Volkswagen war deutlich.

III

ZU VIELE VERDIENEN NICHT, WAS SIE VERDIENEN

In Düsseldorf gab es eindeutig die schönsten Frauen, und das Nachtleben bot mehr Qualität als in irgendeiner anderen Stadt. Man traf sich im „Pferdestall“, wo Barkeeper Charlie seine Freunde und Bekannten verwöhnte. Es war der Anfang der Disco-Zeit, man trank Champagner oder Whiskey. In dieser Bar wurde ich in eine Gruppe von Ärzten aufgenommen; eine wilde Gesellschaft aus großzügigen Männern mit verständnisvollen Frauen. Diese Zeit prägte auch maßgeblich meine Einstellung gegenüber Ärzten. Man saß meist zusammen und redete über Gott und die Welt; aber an einem Abend diskutierten die Frauenärzte über einen ihrer Kollegen, der gerade gestorben war. Man fragte, wieviel Karten jeder von der aufgelösten Praxis erhalten hatte.

Das konnte ich noch ohne weiteres verstehen, aber dann diskutierte man über „aktive“ und „passive“ Patienten. Einer der Ärzte erklärte, er habe mindestens ein Dutzend Patienten übernommen, die er als „aktiv“ bezeichnete. Es waren Frauen, denen eingeredet wurde, sie hätten einen nicht bösartigen

Tumor. Sie mußten alle drei Monate zur Untersuchung kommen, um angeblich das Wachstum des Tumors festzustellen. In Wirklichkeit waren sie kerngesund, aber der Arzt hielt sie im Glauben, sie hätten diesen Tumor. Und so konnte er jeden dritten Monat von der Krankenkasse Geld für eine nicht notwendige Untersuchung einstreichen. Eine feine Gesellschaft! Während dieser Zeit machte ich auch mit den Nebenwirkungen von Arzneimitteln meine Erfahrungen. Es war ein niederschmetterndes Erlebnis. Im Pferdestall hatte ich eine blonde Schönheit kennengelernt, und wir hatten uns für den nächsten Tag zum Abendessen verabredet. Ich war in einer Suite im Parkhotel untergebracht und arrangierte dort ein feudales Abendessen bei Kerzenlicht, mit Champagner, Kaviar und Austern. Meine Erwartungen waren groß; sie kam in einem wunderschönen Deux-pièces.

Allerdings hatte ich eine fürchterliche Erkältung und schluckte regelmäßig bestimmte Pillen, um wenigstens die Nase vom Tropfen abzuhalten. Natürlich hatte ich die Gebrauchsinformation nicht gelesen, worin klar und deutlich erwähnt wurde, daß bei Anwendung die Leistungsfähigkeit nachläßt. Auf alle Fälle war der Abend ein komplettes Desaster. Nach einem wilden Vorspiel stellte sie nur mit Verachtung fest, daß ich nicht konnte, was ich wollte. Die verdammten Pillen! Die schöne Düsseldorferin verließ das Hotelzimmer schwer enttäuscht, und am nächsten Abend wußten bereits alle Bekannten, daß ich impotent war. Etwas Schlimmeres konnte mir gar nicht passieren, denn ich war immer stolz auf meine Männlichkeit. Seither bin ich sehr vorsichtig mit Pillen.

Aber es war nicht etwa so, daß die Erfahrung in Düsseldorf mir den Respekt vor pflichtbewußten Ärzten nahm. Ich lernte lediglich, daß es in allen Berufen, auch in Deutschland, Nieten gibt, nicht nur in Nadelstreifen, sondern ebenso in weißen Kitteln. Später im Leben traf ich Ärzte, die mir bewiesen, daß es auch hervorragende Koryphäen gibt, die trotz ihrer Position einfach und menschlich bleiben können, wie etwa der Chefarzt Prof. Dr. Sohlbach in Dormagen. Genau das Gegenteil von einigen Professoren, die ich durch Krankheiten meiner Frau kennenlernen mußte und die uns wie Dummköpfe behandelten. Das waren die Ärzte, die nicht begreifen wollten, daß der Patient auch und in erster Linie Kunde ist und daß er, der Arzt, eine Dienstleistung erbringt, für die er wie jeder andere Dienstleister bezahlt wird.

Auch in Deutschland gibt es in allen Berufen Nieten, nicht nur in Nadelstreifen, sondern ebenso in weißen Kitteln.

Der Grund für diese Einstellung einer Großzahl von Ärzten war der lange Zeit herrschende Überfluß an Patienten (heute hat sich daran auch in Deutschland schon einiges geändert). Die Herren brauchen nur nach Amerika zu schauen, um zu erfahren, was passiert, wenn Patienten die freie Wahl haben. Gerade Zahnärzte haben dort gelernt, Patienten wie Kunden zu behandeln, denn es gibt eine große Auswahl von Spezialisten. Dazu kommt noch, daß inzwischen immer mehr Patienten die Verordnung von Großpackungen an Arzneimitteln leid sind. Sie wollen Beratung und keine Fließbanddiagnosen. Auch an diesem Beispiel läßt sich beweisen, daß es langfristig keinem Berufsstand guttut, wenn er nicht genügend Konkurrenz hat.

Die große Diskrepanz in den Gehaltsstrukturen ist ein zusätzliches Problem. Eine Krankenschwester mit einer oft überlangen Arbeitszeit in einem schweren Umfeld, in dem viel Geduld und Verständnis gefordert werden, erhält im Verhältnis zum Arzt einen Hungerlohn. Ein ähnliches Mißverhältnis besteht in dem Gehaltsunterschied zwischen dem gut honorierten Gesetzgeber und den Hütern des Gesetzes. Es ist unverständlich, wie die Gesellschaft es zuläßt, daß Politiker hohe Gehälter beziehen, während Polizisten sich mit dem Existenzminimum begnügen müssen. Sie sollen die Dreckarbeit machen, die Folgen schlechter Gesetze ausbaden, müssen sich beschimpfen lassen von der linken Presse und ihren politischen Gefolgsleuten, aber man verweigert ihnen eine angemessene Besoldung. Und wenn die Polizei Ganoven endlich schnappt, werden sie von einer laschen Gesetzgebung wieder laufengelassen.

Die Vernachlässigung dieser wichtigen Berufsstände wird sich in der Zukunft immer mehr rächen. Der Verfall der Großstädte und das zunehmende Ausmaß des Verbrechens sind nicht auf die Ohnmacht der Polizei zurückzuführen, sondern einzig und allein auf eine verfehlte Politik.

Gewalt, ob von der linken oder rechten Seite des politischen Spektrums, ist für jede Gesellschaft von gleich großem Schaden. Aber in Deutschland stört mich besonders, daß ein wichtiger Teil der Presse und des Fernsehens eine bestimmte Gewalt von der linken Seite nicht nur verharmlost hat, sondern beinahe mystifiziert. Dies wurde mir klar, als ich die Berichterstattung über die Baader-Meinhof-Bande verfolgte. Gerade beim öffentlichen Fernsehen hatte man immer das Gefühl, die Forderungen dieser gemeinen Verbrecher seien irgendwie berechtigt. Die Medien übernahmen sogar die selbstverliehene pseudomilitärische Bezeichnung der Bande, die sich also dadurch mit dem ehrenhaften Begriff „Armee" akzeptiert fühlen durfte: eine brutal mordende Verbrecherbande als „Rote Armee Fraktion" – in einer Zeit, in der sehr viele Intellektuelle und ihre Gefolgsleute „rote" Politik als etwas Erstrebenswertes verteidigten. Kein Wunder, daß diese Halunken so viele Sympathisanten fanden und so lange im Untergrund operieren konnten.

Es ist unverständlich, wie die Gesellschaft es zuläßt, daß Politiker hohe Gehälter verdienen, während Polizisten sich mit dem Existenzminimum begnügen müssen.

Für mich war besonders unverständlich, wie diese Herrschaften auch von der Justiz behandelt wurden, mit eigenem Gefängnis und speziellen Vorrechten. Schließlich hatte ich meine ganz persönlichen Erfahrungen mit ihnen gemacht: Andreas Baader lieferte an einem Wochenende der Polizei eine Feuerschlacht, und dies genau vor meiner Garage im Hofeckweg in Frankfurt. Hätte ich damals gewußt, daß in der Wohnung direkt über mir die gewalttätigste Verbrecherorganisation Deutschlands ihre Strategiegespräche abhielt, wäre ich nicht so dreist gewesen, öfter zwischen 2 und 3 Uhr morgens mit dem Besenstiel an die Decke zu klopfen, um die Herrschaften zur Ruhe aufzufordern.

In den meisten anderen Ländern hätte die Polizei bei solch einer Situation kurzen Prozeß gemacht und die Gangster ohne zu zögern erschossen. In den USA gehen selbst kleinere Ganoven bei Feuergefechten mit der Polizei das Risiko ein, erschossen zu werden. Aber hier ist dies tabu, werden doch meistens nachher die verantwortlichen Polizisten zur Rechenschaft gezogen und von der linken Presse verurteilt – nicht die Gangster, die als erste geschossen haben. Ist es denn aus deren Sicht besser, wenn Verbrecher sich freischießen können und noch weniger Polizisten Einsatz leisten?

Die Polizei verdient wieder mehr Anerkennung und Verständnis, denn ohne sie bricht unser Rechtsstaat zusammen. Oder hat man vergessen, wie es etwa in den Ländern Südamerikas aussieht, wo die Mafia regiert und täglich unbescholtene Bürger umkommen? Auch bei den Straßenschlachten in unseren Innenstädten leiden immer die normalen Bürger, deren Besitztum gewalttätig beschädigt wird, und die Polizei muß oft tatenlos zuschauen oder – noch schlimmer – sich verletzen lassen, weil irregeführte Politiker sie dazu verdammen, unberechtigte Rücksicht zu nehmen. Diese Gewalttäter machen sich über das Sicherheitssystem des Staates lustig und werden dabei immer gewalttätiger. Es ist höchste Zeit, diese Politik des Laisser-faire an den Pranger zu stellen. Es ist eine Toleranz der Dummheit. Die Folgen sind weltweit nachvollziehbar, man denke nur an das frühere Jugoslawien und die Ohnmacht der UNO.

IV

AUSLÄNDER IN DEUTSCHLAND UND ANDERES GESINDEL

Was mir als Ausländer in Deutschland immer wieder imponiert, ist die Offenheit und Selbstverständlichkeit, mit der man hier in diesem Lande willkommen geheißen wird. Dasselbe konnte ich so positiv nicht in Frankreich und auch nicht in England feststellen. In diesen Ländern bleibt man viel länger Außenseiter, während man in Deutschland viel schneller akzeptiert wird. Dies hat wohl wenig damit zu tun, daß ich als Schweizer quasi zur Herde gehöre. Dasselbe erleben die Italiener, die im übrigen in Deutschland die Eßkultur mehr als alles andere veränderten. Aber auch Japaner, Griechen, Spanier, Portugiesen und Türken werden in diesem Lande mit offenen Armen empfangen. All diese Nationalitäten und viele andere haben viel zum wirtschaftlichen Erfolg Deutschlands beigetragen. Aber immer wieder liest man im Ausland, vor allem in einem Teil der angelsächsischen Presse, von der Ausländerfeindlichkeit der Deutschen.

Das stimmt einfach nicht. Denn das einzige, was die Mehrheit der Deutschen nicht mehr ertragen und tolerieren will, ist ausländisches Gesindel, das unter dem Deckmantel politischer Verfolgung und der Inanspruchnahme von Menschenrechten die Gastfreundschaft in Deutschland mißbraucht. Fremde Drogenhändler, Einbrecher, Bandenmitglieder, Autoschieber sind Ausbeuter des generösen deutschen Sozialsystems. Menschen, die in ihren eigenen Herkunftsländern weder erwünscht noch auf ehrliche Weise erfolgreich sind, spielen sich hier auf, als sei ihnen Deutschland uneingeschränkten Aufenthalt und soziale Fürsorge schuldig. Sie können trotz größerer Verbrechen nicht abgeschoben werden, und während der steuerzahlende Bürger Jahre warten muß, um mit seinen Anliegen zum obersten Gerichtshof vorzustoßen, haben solche zwielichtigen Typen die Möglichkeit, innerhalb von ein paar Wochen das Bundesverfassungsgericht anzurufen, um so ihre berechtigte Abschiebung zu verhindern.

Wenn die Schweizer, die Italiener, die Franzosen oder die Amerikaner unliebsame Ausländer abschieben, kräht kein Hahn danach. Bei den Deutschen aber sind immer wieder dieselbe Presse und dasselbe Fernsehen bereit, daraus einen internationalen Skandal zu machen.

Es ist an der Zeit, daß die Deutschen ihren Kollektivschuldkomplex ablegen und sich weniger um die sogenannte Weltmeinung kümmern. Diese Weltmeinung wird den Deutschen ihre durch Kriminalität zerstörten Stadtkerne nicht erneuern, und sie wird auch nichts zu mehr Sicherheit beitragen. Das Gerede von einer „multikulturellen Gesellschaft“ sollte ersetzt werden durch den Ruf nach Ausländern, die bereit sind, etwas zu leisten, Steuern zu zahlen und sich anständig zu integrieren. Das verlangen alle großen Demokratien der Welt. Als junger Schweizer wäre ich in Amerika ein unerwünschter Ausländer geworden und hätte nicht ins Land zurückkehren können, wäre ich nicht bereit gewesen, Militärdienst zu leisten. Auch kann man nicht einfach in die Schweiz oder nach Australien einwandern, ohne daß man ganz konkrete Bedingungen erfüllt. Nur Deutschland läßt seine Grenzen für alles mögliche Gesindel offen. Von wegen Ausländerfeindlichkeit; es sind doch mit Recht nur die Korrupten und die Faulen, die nicht willkommen sind.

Aber solange die Deutschen den Unfug der Kollektivschuld akzeptieren, machen sie sich erpreßbar von der sogenannten Weltmeinung. Kollektivschuld! Bin ich tatsächlich verantwortlich, wenn mein Nachbar ein Mörder ist? Oder tragen wir alle als Menschen Kollektivschuld, weil Kain Abel umgebracht hat?

Fremde Drogenhändler, Einbrecher, Bandenmitglieder, Autoschieber sind Ausbeuter des generösen deutschen Sozialsystems.

Das soll nicht heißen, daß die Verbrechen des Dritten Reiches nicht furchtbar und unmenschlich waren – aber was hat dies mit der heutigen Generation zu tun? Oder wollen wir immer noch den Amerikanern vorwerfen, daß sie an den Indianern

Völkermord begangen haben? Es wird höchste Zeit, daß Deutschland aufhört, den Zahlmeister zu spielen, nur weil es kollektiv ein schlechtes Gewissen haben soll.

Kurzfristig dürfte die einschlägige Weltpresse sich aufregen über die Tatsache, daß Deutschland sich von seinem Schuldkomplex befreit. Und einigen einflußreichen Kräften wird es sicherlich absolut nicht ins Konzept passen. Aber wie das Waldsterben wird auch dieses Thema früher oder später aus den Nachrichten verschwinden. Tatsache ist, daß Deutschland mehr als genug geblutet und bezahlt hat. Und jetzt hat dieses Volk jedes Anrecht, als vollwertiger, gleichberechtigter Partner überall in der Welt akzeptiert zu werden.

Jedem anderen Volk ist es erlaubt, patriotisch zu sein, selbst den Japanern, die ebenso eine gewaltige Kriegsschuld haben. Nur wenn die Deutschen ihre Nationalhymne singen oder ihre Fahne schwingen, kommen aus allen Löchern die Kritiker; leider auch aus den eigenen Reihen. Aber jedes Volk hat das Anrecht, auf seine Geschichte stolz zu sein, das heißt auf die positiven Aspekte seiner Vergangenheit. Ich kenne keinen Deutschen, der auf die Verbrechen des Dritten Reiches stolz wäre. Aber dies kann doch nicht heißen, daß er sich der ganzen nationalen Vergangenheit schämen muß! Ganz im Gegenteil, Deutschland hat vieles, auf das seine Bürger mit Recht stolz sein können. Den Politikern fehlt dazu leider das nötige Rückgrat. Einer der wenigen, die dies erkannt und entsprechend gehandelt haben, war Franz Josef Strauß; leider ist er tot.

Es ist doch so, daß die Nachbarländer auch einiges haben, dessen sie sich schämen müßten: das Vichy-Regime in Frankreich, Il Duce in Italien oder die Gefolgsleute und Mitläufer der Nazis in Österreich, in der Schweiz und in manchen anderen Ländern.

Wenn man bedenkt, daß mehr als 50 Millionen US-Amerikaner deutschstämmig sind, dann hat doch dieses Land alles Recht, stolz zu sein auf das, was es hervorgebracht hat. Auf die großen Philosophen, Dichter und Schriftsteller, die Künstler und Musiker, die Erfinder und andere Menschen, die der Welt als Vorbilder dienten und noch heute dienen.

Natürlich gibt es auch im heutigen Deutschland ein paar bornierte Neonazis, doch im Vergleich zu der Zahl von Faschisten in einigen anderen Demokratien sind diese Vollidioten ein kleiner, unbedeutender Haufen. Doch wenn sie irgendeine Untat begehen – wie ein Asylantenheim abzubrennen oder einen jüdischen Friedhof zu schänden –, behandelt dies die internationale Presse, als gäbe es solche Verbrecher nur in Deutschland, obwohl in den Nachbarländern genau dieselben Vorfälle zu beklagen sind.

Ich weiß aus unzähligen Diskussionen, daß die meisten Deutschen so denken, sie wagen es nur nicht auszusprechen, weil sie glauben, sie würden sofort kritisiert. Als gebürtiger Schweizer und naturalisierter Amerikaner habe ich kein Problem damit, wenn man mich aufgrund dieser Meinung angreift. Es ist jedoch höchste Zeit, daß jemand solche Wahrheiten ausspricht, denn die Europäer können nicht erwarten, daß die Deutschen mit 24 % der EU-Bevölkerung für immer etwa 75 % der Nettozahlungen der EU bestreiten, ohne dafür die Anerkennung als gleichberechtigter Partner zu erhalten.

Der Versuch einer Minderheit der Weltpresse, den Deutschen zu suggerieren, sie seien schlechter oder brutaler als andere Völker, ist nicht nur absoluter Unfug, sondern gefährlich. Es gibt nämlich eine nicht unbedeutende Zahl von Deutschen, die tatsächlich glauben, sie seien anders; und das führt in eine gefährliche Isolation.

Nur wenn die Deutschen das Joch der Kollektivschuld ablegen, können sie ihre Probleme mit dem ausländischen Gesindel lösen. Multiverbrecher, die die Zentren der Städte in Furcht und Angst halten; Mord, Totschlag, Beschaffungskriminalität, Überfälle, Raub und Verkehrsvergehen gehören zum Alltag.

Solange die Deutschen den Unfug der Kollektivschuld akzeptieren, machen sie sich erpreßbar von der sogenannten Weltmeinung.

Und immer mehr Bürger meiden die Innenstädte, die schließlich wie in den USA oder in Großbritannien nur noch tagsüber zum Arbeiten aufgesucht werden, jedoch nachts im Sumpf des Verbrechens versinken. Keine erfreuliche Aussicht, wenn nicht bald gegengesteuert wird. Es dürfte doch nicht allzu schwer sein,

Kriminelle, die rückfällig werden, abzuschieben. Diese Verbrecher sollten in ihren Ursprungsländern zur Rechenschaft gezogen werden, statt sie hier auf unsere Steuerkosten einzusperren und zu verköstigen. Wir haben genügend Probleme, die hier mit den eigenen Bürgern gelöst werden müssen. Wir müssen nicht versuchen, die Probleme der ganzen Welt mit Geld und Hilfe zu lösen.

Es ist ein Symptom unserer Zeit, wenn durchschnittliche Bürger nicht bereit sind, gegen Verbrecher auszusagen, weil sie sich vor den Konsequenzen fürchten. Selbst ein einfacher Auffahrunfall genügt, bei dem der Schuldige den Geschädigten bedroht, damit er nicht wagt, die Polizei zu rufen, selbst wenn er feststellt, daß der Fahrer in alkoholisiertem Zustand fährt.

Ich selbst hatte ein ähnliches Erlebnis. Ein Mitglied meiner Geschäftsleitung fuhr mich zum Abendessen, hinter uns fuhr noch ein weiteres Mitglied. Bei einer Kreuzung hielt mein Mitarbeiter an, um dem Verkehr von rechts Vorfahrt zu gewähren. Aber es war frei. In dem Moment, als wir weiterfuhren, kam plötzlich ein alter Mercedes aus der rechten Straße und fuhr mit vollem Karacho seitlich in unseren BMW. Ich saß auf der rechten Seite und konnte genau beobachten, daß der Wagen ohne Licht geparkt war und erst, als wir wieder anfuhren, sein Abblendlicht einschaltete und auf uns zuhielt. Auch der Mitarbeiter hinter uns konnte denselben Vorgang beobachten. Die beiden aus dem Mercedes – beide Ausländer aus südlichen Ländern – fingen sofort an, uns zu beschimpfen, der Beifahrer stöhnte und versicherte, er sei jetzt arbeitsunfähig. Es war absolut klar, daß dieser Unfall – wie viele andere – mit voller Absicht provoziert worden war. Wir hatten vier Zeugen dafür, aber wir wurden sofort bedroht. Bei der späteren Gerichtsverhandlung tauchten plötzlich von der Gegenseite zwei Zeugen auf, die niemals beim Unfall dabei waren. Wir alle hatten nicht mehr den Mut weiterzumachen, vor allem nachdem unser Anwalt uns darauf aufmerksam machte, daß solche Gauner, wenn sie erst einmal die Adresse von Beteiligten haben, ohne weiteres zusätzliches Unheil anrichten können.

Also haben wir stillschweigend bezahlt und aus Angst den Mund gehalten. Wie oft passieren solche Einschüchterungen? Ein hochrangiger Vertreter der Steuerbehörde meinte in einem Gespräch zu diesem Thema, daß seine Beamten nicht mehr bereit seien, bei Verbrecherbanden Steuerdelikte zu untersuchen, weil sie bedroht werden. Das wirft ein bezeichnendes Licht auf die sogenannte Steuergerechtigkeit; denn den ehrlich arbeitenden, sehr viel leistenden Bürger, den kann man sehr wohl noch an die Kandare nehmen, auch wenn er nur der drückenden Steuerlast über Anlagen in Luxemburg auszuweichen versucht.

Wie sich doch die Zeiten ändern! Als ich in den 60er Jahren zum ersten Mal mit meinem Auto zum TÜV fuhr, wurde ich nach Hause geschickt, weil der Kopf einer Schraube auf dem weißen Blech des Nummernschilds schwarz war. Der Prüfer bestand darauf, daß diese Schraube weiß gestrichen werden mußte, bevor er das Auto akzeptierte. Aber heute fahren viele ihre Autos mit losen Auspufftöpfen, herunterhängenden Stoß-

KÖNIGSALLEE, DÜSSELDORF 1955

stangen, kaputten Rückleuchten und anderen gefährlichen Schäden herum. Sie werden anscheinend kaum zur Rechenschaft oder gar aus dem Verkehr gezogen; eher schon die Fahrer gepflegter Autos, weil sie auf freier, trockener Autobahn zu schnell waren.

Das Sicherheitsrisiko durch solche Schrottschüsseln, die auf der Straße toleriert werden, wird jedem bewußt, wenn er selbst einmal bei geringer Geschwindigkeit einen durch die Luft geschleuderten Auspufftopf auf die Windschutzscheibe bekommt. Ich hatte jüngst auf der Autobahn, kurz vor Frankfurt, eine Begegnung mit einem Getriebegehäuse, dem ich nicht mehr ausweichen konnte, nachdem es mein Vordermann mit einem Rad mir in den Weg gestoßen hatte. Es entstand ein Schaden von über 25.000 Mark an meinem Wagen, bei einer Geschwindigkeit von lediglich ca. 110 km/h! Aber niemand erklärte sich bei meinen Nachfragen dafür zuständig, die Autobahn sauber zu halten. Gießkannen, Teile von Stoßstangen, Getriebegehäuse, Kühlergrills, Holzplatten, Radkappen, Reifenreste von Lastern, alles ist ganz normal jeden Tag auf den Strecken in und um Frankfurt anzutreffen. Eine Gießkanne lag dort sage und schreibe vier Wochen am Fahrbahnrand, obwohl ich es sofort gemeldet hatte. Aber das zu beseitigen kostet Geld, und Radarfallen bringen Geld. Sicherheit hin, Sicherheit her ...

V

RECHT AUF WOHLSTAND, STRAFE FÜR LEISTUNG

Mein erster Eindruck von Deutschland blieb mir immer haften; diese Aufbruchstimmung, die Bereitschaft, gemeinsam das Land wieder aufzubauen: die optimistische Entscheidung von Ludwig Erhard für die Währungsreform, das Geschenk an alle Deutschen in Form einer Währung, die jahrzehntelang durch ihre Stabilität und Sicherheit das Vorbild aller anderen europäischen Währungen wurde – so wie der Schweizer Franken. Aber diese fleißige, teils selbstlose Generation wurde mit ihrem Erfolg nicht ganz fertig. Zweifellos wollte sie ihren Kindern eine heilere Welt garantieren. Die Jungen sollten es leichter haben und ihre Ziele nicht mit soviel Schweiß und Mühe erreichen müssen. Diese gut gemeinte Einstellung legte aber wohl den Grundstein für die großenteils recht verwöhnte Generation der 60er Jahre, die glaubte, sie habe ein Anrecht auf Luxus.

Viele dieser Generation entwickelten immer mehr die Vorstellung, daß alles selbstverständlich sei. Wohlstand, Geld, jeder denkbare Komfort galten plötzlich nicht mehr als erstrebenswertes Ziel, sondern als selbstverständliche Notwendigkeit.

In dieser Atmosphäre wurden viele Gesetze verabschiedet, die heute für die hohe Arbeitslosigkeit und den Mangel an Ausbildungsplätzen verantwortlich sind. Die Überzeugung, der Staat sei für einen angemessenen Arbeitsplatz verantwortlich, wurde immer stärker gefördert. Einmal mittlerer Angestellter, immer mittlerer Angestellter. Viele sind nicht mehr bereit, auch einen weniger guten Arbeitsplatz zu akzeptieren. Während in Amerika Arbeitnehmer sich an allen möglichen Arbeitsplätzen einsetzen lassen, lautet hier die Devise: Ich habe ein Anrecht auf einen gleichwertigen Arbeitsplatz zu demjenigen, den ich verloren habe. Kein Wunder, daß die Langzeitarbeitslosigkeit in Deutschland um ein Vielfaches höher ist als in Amerika. Wieso kann ein mittlerer Angestellter, der arbeitslos geworden ist, nicht bei der Müllabfuhr tätig werden?

Als ich in Amerika keinen Job finden konnte, begnügte ich mich mit der Arbeit als Busboy, das heißt als Abräumer von Tischen. Es war für mich eine enorm wichtige Zeit, in der ich lernte, daß jede Arbeit, auch wenn sie noch so einfach ist, besser ist als der Bezug von Arbeitslosenunterstützung. Wieviel Arbeitslose könnten morgen arbeiten, wenn sie bereit wären, einen Job anzunehmen, der vorhanden ist, anstatt auf Arbeit zu warten, die es zur Zeit nicht gibt? Wie kann man die hohe Arbeitslosenzahl beklagen, wenn man gleichzeitig weiß, daß mehrere Millionen Ausländer in Deutschland zu einem großen Teil Arbeiten verrichten, die junge Deutsche nicht übernehmen wollen?

Dies hat auch viel mit der falschen Ausbildungspolitik zu tun.

Betriebswirte, Soziologen, Juristen, Philosophen und viele andere Akademiker werden an den Universitäten ausgebildet, aber es fehlen uns die Handwerker, die Spezialisten, die Dienstleister. Es wird immer wieder über die „Hamburger-" oder „McDonald's-Jobs" in Amerika gelästert, obwohl die bestbezahlten Arbeitsplätze zunehmend in den Dienstleistungsbranchen angeboten werden. Aber Dienst am Kunden scheint in vielen europäischen Ländern noch verpönt zu sein. Das ist unverständlich, wenn man bedenkt, daß weltweit gute Verkäufer das höchste Einkommen verdienen können. Inzwischen werden, wie zu meiner Studienzeit in der Schweiz, in Deutschland hauptsächlich Studenten in Jura ausgebildet. Wer soll denn all diese Juristen später einstellen?

Auch die betriebliche Ausbildung junger Menschen liegt im argen. Politiker reden immer gerne über die Notwendigkeit von mehr Ausbildungsplätzen, aber man ist – wie im übrigen viele Kleinunternehmer – auch hier der Meinung, daß Ausbildungsplätze für Unternehmen viel zu teuer und zu anspruchsvoll geworden sind. Die Einstellung herrscht vor, daß der Staat auch dafür bezahlen soll, wenn er die Arbeitszeit für die Auszubildenden vorschreibt. Ich war erschreckt, als ich feststellte, wie gering die Bereitschaft von großen und mittleren Unternehmen war, Ausbildungsplätze zu schaffen. Kein Wunder; der Staat in seiner idealen Weltvorstellung wollte jedem Auszubildenden eine erstklassige Ausbildung garantieren, aber dabei wurde vergessen, daß der Kostenfaktor für viele Unternehmen wichtiger ist als die Verantwortung, jungen Menschen eine Chance zu bieten.

Vielleicht sollte auch hier wieder etwas von der Vergangenheit übernommen werden. Es würde nicht schaden, wenn Auszubildende wieder mehr in die Arbeitsabläufe eines Unternehmens integriert werden könnten, ohne daß sich dieses zahllosen staatlichen Einschränkungen beugen müßte. Der Personaldirektor eines Großunternehmens präzisierte das Problem wie folgt: „Wenn der Staat die Ausbildung unserer Lehrlinge vorschreiben will, dann soll er auch für die Ausbildung sorgen. Für uns ist dies einfach zu aufwendig."

Wer dieses Problem nicht kennt, sollte ab und zu mit dem Besitzer eines kleinen Handwerksbetriebs sprechen. Die meisten würden gerne jungen Menschen die Möglichkeit zur Ausbildung geben, aber sie sind nicht bereit, die Auflagen des Staates zu erfüllen.

Wieviel Arbeitslose könnten morgen arbeiten, wenn sie bereit wären, einen Job anzunehmen, der vorhanden ist, anstatt auf Arbeit zu warten, die es zur Zeit nicht gibt?

Wenn wir an den Mangel an Personal im Hotelgewerbe oder bei anderen Dienstleistern denken, dann stellt sich unweigerlich die Frage, wieso junge Deutsche überwiegend nicht bereit sind, solche Arbeiten zu verrichten. Das erinnert mich an ein Gespräch mit einem Schaffner im ICE. Er war von der älteren

Generation; er erzählte, wie er und seine Kollegen früher in Eisenbahnhotels untergebracht wurden, wo sie nach einem harten Tag Arbeit zu viert in einem Zimmer übernachten mußten. Heute kriegt zwar jeder sein Einzelzimmer, aber wie er erwähnte, verleiten die ungewohnte Arbeitszeit und das viele Reisen die meisten jungen Mitarbeiter dazu, sich möglichst bald nach einem anderen, ruhigeren Job umzusehen. Was heißt ungewohnte Arbeitszeiten? Viel reisen? Wenn der Bäcker früher um vier Uhr morgens aufstand, war dies völlig richtig. Wenn der Kellner todmüde um zwei Uhr nachts ins Bett sinkt, ist das für uns auch selbstverständlich, und wenn der Straßenreiniger um fünf Uhr morgens anfängt, halten wir dies nicht für bedenklich.

Wieso glaubt der Normalbürger, er hätte das Anrecht auf eine geregelte Arbeitszeit? Er nimmt doch selbst den Taxifahrer in Anspruch, der Nachtschicht fährt. Wenn der Restaurantbesitzer um Mitternacht dicht macht und um fünf Uhr morgens seinen Einkauf auf dem Großmarkt vorbereitet, muß das so sein. Was gibt also einem Arbeitnehmer das Recht, für sich selbst eine geregelte Tages-Arbeitszeit zu fordern?

Die heutige Einstellung vieler Deutscher zu Arbeit und Freizeit kontrastiert heftig mit der anderer, wirtschaftlich weltweit erfolgreicher Völker. Das spiegelt das treffende Beispiel wider, wo der Deutsche von seinem japanischen Kooperationspartner gesagt bekommt, er könne nur mit jemandem zusammenarbeiten, der an wenigstens 320 Tagen des Jahres im Büro zu erreichen sei.

Arbeit ist kein Recht, sondern eine Pflicht. Und es ist nicht fair, daß die Leistungsträger der Gesellschaft mit immer höheren Steuern bestraft werden, während Faulpelze teilweise besser leben als die hart Arbeitenden.

Jeder spricht von der Gleichberechtigung aller Menschen, aber wenn es um Steuern geht, hört jede Gleichberechtigung auf. Es ist schon mehr als genug, daß ein gut Verdienender mehr Steuern bezahlt als einer, der weniger verdient. Aber wieso soll er progressiv noch mehr bezahlen? Was spricht gegen einen allgemeinen Steuersatz? Die Erfahrung weltweit zeigt, daß die Wohlhabenden um so weniger zahlen, je höher der Steuersatz ist. Bauherrenmodelle, Abschreibungsmöglichkeiten, zinsabschlagsteuerfreie Anlagen in Luxemburg, Stiftungen in Liechtenstein und viele andere – legale und illegale – Möglichkeiten werden genutzt, um die Steuerlast zu verringern; da hilft auch keine flächendeckende Fahndung.

Sind tatsächlich alle Deutschen, die ihr Geld nach Luxemburg gebracht haben, Steuerhinterzieher? Millionen von anständigen Bürgern haben sich entschieden, daß sie genug Steuern bezahlt haben. Sind diejenigen Betrüger, die Milliarden in Luxemburg angelegt haben, oder könnte es sein, daß der Staat der Betrüger ist? Vor Reagan haben die Reichen in den USA ca. 17 % des Steueraufkommens aufgebracht, nach Reagan waren es knapp 25 %. Die Lehre? Je höher die Steuer, desto geringer die Steuermoral. Zuerst setzen sich die Show-Stars und die großen Sportler ab ins steuergünstigere Ausland, später folgen die wirtschaftlichen Leistungsträger. In England nannte man dieses Phänomen den „Brain Drain"; er war immer zum Schaden einer Nation. Wer diese negativen Konsequenzen einer konfiskatorischen Steuerpolitik nicht einsehen will, sollte sich lediglich etwas eingehender mit der Entwicklung in Schweden auseinandersetzen. Einst ein reiches europäisches Vorbild, heute ein verarmtes Land. Deutschland sollte sich das immer vor Augen halten.

Die Schweden hatten auch ihre berühmten Stars und Sportler mit der Steuerfahndung eingeschüchtert, und weltweit wurden die einzelnen Fälle kommentiert, genau wie im Fall Steffi Graf. Der Staat operiert mit Angst, um die Steuermoral zu verbessern. Das Gegenteil wird passieren, es werden sich noch mehr Wohlhabende ins Ausland absetzen. Und wer verliert? Deutschland! Gemeinden wie Brühl, wo Steffi als größter Steuerzahler gefeiert wird.

Steuerbetrug und Schwarzarbeit sind immer Vorboten der Krise.

Hat man vergessen, daß die Hollywoodstars in den 50er Jahren ihren Wohnsitz ins Ausland verlagerten, weil ihnen die Steuern zu hoch erschienen?

Heute wohnen sie wieder in den USA, zahlen brav ihren Anteil und fördern Arbeitsplätze. Oder hat man je gehört, daß Arme Arbeitsplätze schaffen?

Man wird den Eindruck nicht los, daß hier in Deutschland ein Feldzug gegen die Wohlhabenden geführt wird, während in Amerika „The War on Poverty“ seit Jahrzehnten Vorrang hat.

Steuerbetrug und Schwarzarbeit sind immer Vorboten der Krise. Wenn der Taxifahrer bereit ist, abgestempelte Quittungen seinem Gast zur Verfügung zu stellen, der Kellner Phantasierechnungen ausstellt und der Handwerker ohne Rechnung arbeitet, dann ist etwas faul. Es hilft nichts, wenn die Politiker behaupten, dies seien Einzelfälle. Tatsache ist, daß in Luxemburg Milliarden an Geldern deutscher Bürger geparkt sind, und jeden Tag werden Milliarden ohne Rechnung bezahlt. Eine konservative Schätzung des Umfangs der Schattenwirtschaft dürfte bestimmt bei über 15 % des Bruttosozialprodukts liegen.

Nur wenn der Staat seinen Appetit auf das Geld seiner Bürger zügelt, wird die Steuermoral wieder als eine berechtigte Tugend angesehen. Dazu kommt noch, daß der Bürger jeden Tag mit riesigen Geldverschwendungen von staatlicher Seite konfrontiert wird und daher kaum einsieht, sein sauer verdientes Geld dafür abzuliefern.

Wohin die hohe Steuerlast und die hohen Sozialabgaben führen, dokumentiert die Baubranche. Hunderttausende von deutschen Facharbeitern werden freigestellt, während die Firmen mit Arbeitern aus Niedriglohnländern arbeiten. Ich kenne eine Baufirma, die in München über 2.000 deutsche Facharbeiter beschäftigte. Heute hat dieselbe Firma noch sechs deutsche Arbeitnehmer im Büro. Alle Bauarbeiter kommen aus dem Ausland, während die deutschen Bauarbeiter Arbeitslosengeld beziehen müssen.

VI

DEUTSCHES WESEN UND DER REST DER WELT

Dreizehn Jahre, von 1957 bis 1970, durfte ich auf Kosten des Wall Street Journal in der ganzen Welt herumreisen, mit Ausnahme von Kanada und den USA, und dabei lernte ich bald die unterschiedlichen Mentalitäten einzelner Völker kennen.

Zum Beispiel die Engländer. Sie waren im Prinzip immer höflich und zuvorkommend, wußten aber alles besser. Kein Wunder, daß sie nur sehr langsam neue Entwicklungen übernahmen, obwohl sie auf manchen Gebieten der Forschung vielen anderen weit voraus waren, z. B. in der Elektronik, im Flugzeugbau und in der Medizin. Allerdings mangelte es ihnen immer am Marketing, und dies hat sicher sehr viel damit zu tun, daß der Verkäufer im Ansehen auf der untersten Ebene der Berufe eingestuft wird.

Zu meinen unvergeßlichen Erlebnissen gehört, als mein Boß aus New York und ich dem größten Broker in London den Dow Jones Ticker-Service verkaufen wollten. Wir erwähnten die Informationsvorteile und verdeutlichten dem Senior Partner, daß er mit den Daten und Fakten in Sekundenschnelle über die Entwicklungen an Wall Street auf dem laufenden gehalten werde und so seine Kunden telefonisch über wichtige Ereignisse benachrichtigen könne. Er schaute uns ganz entsetzt an und meinte: „Die Kunden telefonisch benachrichtigen? Wir würden ihnen höchstens einen Brief schreiben." Natürlich konnten wir ihm damals, Anfang der 60er Jahre, den Dow Jones-Ticker nicht verkaufen. Es dauerte noch viele Jahre, bis die Informationsexplosion auch London erreichte.

In Sri Lanka, dem damaligen Ceylon, hätte ich beinahe meinen Job verloren. Ein Besucher aus Wall Street war dort Mitte der 60er Jahre eine Sensation, und ich wurde vom Finanzminister zum Mittagessen eingeladen. Die Presse sowie andere Minister waren ebenfalls dabei. Die Diskussion drehte sich um Industrieförderung, und ich schlug vor, daß man in Ceylon den berühmten Tee selbst verpacken und vermarkten solle, anstatt ihn wholesale zur Verpackung und Vermarktung nach Amerika und England zu schippern. Dieser Vorschlag wurde offensichtlich als revolutionär empfunden, denn am nächsten Tag war in der führenden Tageszeitung die Headline zu lesen: „Wall Street Executive recommends Tea-packaging in Ceylon."

Noch am selben Tag erhielt ich einen Anruf von meinem Boß, der mich aufgeregt informierte, daß der Präsident der amerikanischen Tea-Company sich beim Präsidenten von Dow Jones über meinen idiotischen Vorschlag beschwert hatte. Mein erstes Erlebnis, das mich lehrte, wie das Establishment oft gute Ideen bestraft.

Die Japaner waren ohne Zweifel das wißbegierigste Volk. Sie quetschten mich den ganzen Tag aus, so daß ich am Abend hundemüde war. Aber es wurde erwartet, daß man nach dem Geschäft noch in eine Bar zum Entertainment ging. Ich empfand die Atmosphäre als brutal: Es wurde nicht getrunken, sondern gesoffen, und die Männer behandelten die Bardamen wie ein Stück gekauftes Fleisch. Für mich hatte dieser harte Umgang nichts mit Sex und Vergnügen zu tun.

Der Vice-Chairman des größten japanischen Brokerhauses hatte mich zum Abendessen eingeladen, und nach einem phantastischen Mahl wurde in einem Lokal auf dem Boden Sake getrunken. Wir waren beide bald blau und fingen an zu politisieren. Ein gefährliches Unterfangen, wenn man seinen Partner nicht gut genug kennt. Er wußte, daß ich kein Amerikaner, sondern Schweizer war, trotz meines Jobs beim Wall Street Journal. Er versicherte mir, daß die Japaner den kommerziellen Krieg mit Amerika gewinnen würden, obwohl sie den letzten wirklichen Krieg verloren hätten. Mir wurde damit klar, daß die Japaner, wenigstens die Führungskräfte, das Geschäftsleben als Kampf betrachten. Der Handel mit den USA entspricht für sie einem Krieg. Wenn man die Verhandlungen über den bilateralen Handel verfolgt, kann man das sehr wohl nachvollziehen.

Im Libanon, der damaligen sogenannten Schweiz des Mittleren Ostens, lernte ich die Opulenz arabischen Wohlstands kennen. Der Präsident der bekanntesten internationalen Bank des Libanon – und Besitzer einer Fluglinie – führte mich nach dem

Interview in den Tresorraum. Zu meiner größten Überraschung gab es in diesem riesigen Raum eine künstliche Wüste mit Palmen, lebenden Kamelen und Sand, soweit das Auge reichte. Der Präsident erklärte mir, dieser Tresorraum sei so ausgestattet worden, weil die Scheiche sich beim Verwahren ihrer Wertsachen und ihres Geldes wohl fühlen sollten. Die Bank ging allerdings ein paar Jahre später in Konkurs; vielleicht waren die Kamele doch zu teuer.

Dienstleistung wird in Deutschlands Schulen und in der gesamten Erziehung als etwas unter dem Niveau von gebildeten Deutschen Stehendes eingestuft.

Die Deutschen waren wie die Japaner wißbegierig, aber eher zurückhaltend im Fragenstellen. Man merkte, sie hatten im Geschäftlichen Respekt vor den Amerikanern, aber man konnte nicht behaupten, daß sie die „Amis" besonders schätzten. Im Gegenteil, schon damals kritisierte man die mangelnde Kultur, was sich heute noch in den abschätzigen Bemerkungen über „McDonald's-Jobs" ausdrückt. Als ob ein Dienstleister ein zweitrangiger Mensch wäre! Kein Wunder, daß diese Jobs in Deutschland von Ausländern ausgefüllt werden müssen, wenn man in den Schulen und in der gesamten Erziehung Dienstleistung als etwas unter dem Niveau von gebildeten Deutschen Stehendes einstuft. Diese Einstellung wird noch viele Proble-

122

me bereiten, gerade bei dem Versuch, neue Arbeitsplätze zu schaffen. Offensichtlich gibt es ja genug Arbeitsplätze, sonst wären nicht so viele Millionen Ausländer in Deutschland beschäftigt. Aber viele arbeiten eben in Jobs, die der Deutsche aus unverständlichen Gründen als nicht gut genug für sich empfindet.

Wenn man wie ich dreizehn Jahre lang etwa acht Monate eines jeden Jahres in der Welt herumgereist war, hatte man viele außergewöhnliche Geschichten erlebt und Erfahrungen mit den verschiedenen Völkern gesammelt. Dabei haben mich immer auch die unterschiedlichen Gewohnheiten und Eigenheiten der verschiedenen Völker fasziniert. So z. B. die Begrüßung: In Japan geht man auf Distanz und verbeugt sich ohne physischen Kontakt, während man sich in Frankreich, Rußland, Australien, aber auch im Mittleren Westen der USA entweder umarmt und küßt oder die Arme umfaßt und den Körper schüttelt. Ich habe mich immer gefragt, wie diese unterschiedlichen Begrüßungen zustande kommen. Offensichtlich hat es etwas mit der Größe des Landes und der Bevölkerungsdichte zu tun. In Ländern, wo die Menschen eng zusammengepfercht leben wie in Japan, geht man auf Distanz ohne Berührung, während man in Ländern, wo man im Winter oft monatelang niemanden zu Gesicht bekommt, der Freude über die Begegnung Ausdruck gibt, indem man sein Gegenüber umarmt. Dies wäre wenigstens für mich eine plausible Erklärung.

Australien, Südafrika, Rußland und viele andere Länder haben für mich unvergeßliche Eindrücke hinterlassen, aber ich hatte mich bald entschieden, daß ich mich irgendwann in Deutschland niederlassen wollte. Als Deutschschweizer gefielen mir die Disziplin – obwohl sie ab und zu weit übertrieben wird –, der Fleiß, die Sauberkeit, die Aufbruchstimmung, der Glaube an die Zukunft und das Pflichtbewußtsein – und nicht zuletzt auch die wunderbar vielfältige Schönheit der deutschen Landschaften. Zudem war ich schon Anfang der sechziger Jahre davon überzeugt, Frankfurt werde sich zu einem wichtigen Finanzzentrum und die D-Mark zu einer Leitwährung entwickeln.

1969 gründete ich zusammen mit der Firma Charles Barker – die ihren Sitz in London hatte – das erste internationale Finanzkommunikations-Unternehmen in Frankfurt unter demselben Namen. Die vielen Kontakte, die ich in Deutschland durch das

Als Schweizer gefielen mir in Deutschland die Disziplin, der Fleiß, die Sauberkeit, die Aufbruchstimmung, der Glaube an die Zukunft und das Pflichtbewußtsein.

Wall Street Journal knüpfen konnte, waren für dieses Unternehmen ein unbezahlbares Kapital. Nach lediglich drei Jahren zählten bereits viele bekannte Namen zu den Kunden der Charles Barker GmbH: Commerzbank, BMW, Bayer, Volkswagen, Krupp, Gutehoffnungshütte, Degussa, Barclays- und Midland-Bank.

Aber der große Durchbruch kam mit der Akquisition der alles überstrahlenden Deutschen Bank. Eine beinahe unglaubhafte, aber wahre Geschichte. Anfang der 70er Jahre hatten alle deutschen Banken sehr wenig oder überhaupt keine Auslandserfahrung. Das aber war die Stärke von Charles Barker. Zu dieser Zeit veröffentlichte die Deutsche Bank eine Bilanzanzeige mit der Headline: „Question the Deutsche Bank." Dies sollte offensichtlich die Übersetzung des deutschen Slogans „Fragen Sie die Deutsche Bank" sein.

Niemand hatte aber gemerkt, daß die Übersetzung „Stellen Sie die Deutsche Bank in Frage" bedeutete. Das war unsere Chance. Mein Partner und ich vereinbarten einen Termin mit dem zuständigen Chef der Volkswirtschaftlichen Abteilung, Dr. Lippens. Es war ein außergewöhnliches Gespräch. Dr. Lippens, ein hochintelligenter, schlauer Fuchs, empfing uns interessiert und freundlich. Allerdings wurde unser Gespräch laufend durch Telefongespräche unterbrochen. Dies war ihm sichtlich peinlich (ganz im Gegensatz zu vielen Angebern, die glauben, es wäre ein Zeichen ihrer Wichtigkeit – dabei zeigt es lediglich schlechte Organisation und Unhöflichkeit). Bei Lippens war das Gegenteil der Fall; er erklärte, daß sein Vorzimmer unbesetzt sei und er somit auch noch Telefondienst machen müsse. Ein Deutschbanker mit Format – uns waren diese Störungen sehr angenehm, denn er wurde immer verbindlicher.

Als wir ihm erklärten, daß die Deutsche Bank alle Leser der wichtigsten englischsprachigen Medien, auch in Australien, aufforderte, die Deutsche Bank in Frage zu stellen, war ihm als Perfektionisten dieser Fehler höchst peinlich.

Solche Übersetzungsprobleme passierten laufend, bevor die Deutschen in ihren Unternehmen auch Engländer und Amerikaner einstellten. Die absolut schönste Variante kam von einem deutschen Kugellagerfabrikanten. Er übersetzte seinen deutschen Slogan ins Englische mit den Worten „FAG – the company with the rounded balls." Wenn man bedenkt, daß „Fag" auch Homosexueller heißt, kann man sich das Gelächter im angelsächsischen Raum vorstellen. Heute ist das undenkbar, denn die Deutschen sind die zweitgrößte Exportnation der Welt und sprechen in allen Unternehmen beinahe perfektes Englisch. Ab und zu passiert es auch, daß ein Übereifriger einem Angelsachsen Englisch beibringen will, wenn notwendig mit Unterstützung des Langenscheidt (der für unser Gebiet allerdings nur bedingt einsetzbar ist).

Doch zurück zu Dr. Lippens. Er rief seinen Assistenten, Herrn Vetter, einen monokeltragenden, ernsthaft aussehenden, typischen Banker zu sich – wie sich später in der Zusammenarbeit herausstellte, ein absolut zuverlässiger, loyaler Mitarbeiter, der Dr. Lippens alle Feinarbeit abnahm. Etwas sarkastisch meinte Lippens zu seinem Adlatus: „Diese beiden Herren behaupten, sie könnten unsere Werbung im Ausland in mindestens sechs Sprachen fehlerfrei einsetzen. Was meinen Sie dazu?" Vetter stellte ein paar Fragen, wir erklärten ihm, daß wir keine Übersetzer hätten, sondern Mitarbeiter mit den notwendigen Muttersprachen. Dies schien ihm besonders wichtig. Er meinte zu Lippens: „Wir können es ja versuchen. Charles Barker wurde schon 1812 in London gegründet und hat einen guten Ruf." Lippens zögerte nicht lange und meinte zweifelnd, aber mit Humor: „Also dann zeigt, was ihr könnt. Beim ersten Fehler sind wir aber geschiedene Leute." So wurde die Deutsche Bank unser Kunde. Es geschah erst viele Jahre später, daß wir den Auslandsetat abgeben mußten, weil mein böses Mundwerk den zuständigen Vorstand beleidigt hatte.

Mit der ersten Adresse im Bankgewerbe Deutschlands als Kunde war unser Unternehmen voll etabliert. Es folgten die Westdeutsche Landesbank, die Bayerische und die Hessische Landesbank, die DGZ, die BHF, die Badische Kommunale Landesbank und viele andere – eine großartige und enorm befriedigende Zeit.

VII

WIE DIE UMWELT SAUBER UND DER MENSCH BESSER WIRD

Autofahren in den 60er Jahren und noch Anfang der 70er war ein schönes Abenteuer. Kaum Geschwindigkeitsbegrenzungen, kaum Radarfallen, und – gemessen an heute – relativ wenig Verkehr. Man konnte die Straße und das Fahren an sich genießen, auch ohne zu rasen. Und der Autofahrer war nicht die Gans, die man ausnehmen, nicht die Milchkuh, die man melken kann. Heute aber wird er für alle Probleme verantwortlich gemacht: das Ozonloch, das Waldsterben, den Treibhauseffekt. Das einzige, was man noch nicht nachweisen konnte, ist, daß das Auto auch für Erdbeben verantwortlich ist. Aber da gibt es sicher schon Experten, die behaupten, schwere Lastwagen könnten die eierschalendünne Erdoberfläche so dramatisch erschüttern, daß Erdbeben entstehen müssen.

Heute ist der Autofahrer arm dran. Nicht nur als der Sündenbock, sondern auch als der Dumme, der von absurden Vorschriften gemaßregelt wird. Zum Beispiel: Am Rande von perfekt ausgebauten vierspurigen Autobahnen – oft sogar mit fünf Meter hohen Lärmschutzwänden! – sieht er ein Schild:

Geschwindigkeitsbeschränkung 80 km/h, darunter zur Begründung: „Lärmschutz". Aber kein Haus weit und breit, sondern Wiesen, Wald und Schrebergärten. Wo ist die Logik, die ihm das geforderte Verhalten einsichtig machen könnte?

Jeder vernünftige Autofahrer akzeptiert, daß man in Wohngebieten, vor Schulen und Krankenhäusern langsam fahren muß. Aber da gibt es meist keine Radarfallen. Denn die Gemeinden und Städte könnten dort kaum Bußen kassieren, weil sich die meisten aus Vernunftgründen an Geschwindigkeitsbeschränkungen halten. Nein, Radarfallen stehen da, wo der normale Autofahrer, also der arbeitende Bürger, den Straßenverhältnissen entsprechend zügiger fährt. Und dies nicht etwa, wenn es wirklich gefährlich wäre, also bei Regen, nein, Radarfallen werden vorrangig aufgestellt, wenn es trocken ist und die Sonne scheint, denn dann kann die jeweilige Behörde am meisten kassieren.

Bremsspuren und Auffahrunfälle bei Radarfallen sind Zeugen dieses behördlichen Unfugs, nicht nur in Deutschland, sondern auch im übrigen Europa; aber niemand wagt offenbar zu rebellieren. In Frankreich, in Italien, selbst in der Schweiz, im Tessin, sind Radarfallen hauptsächlich für Ausländer bestimmt. Als der Polizeipräsident des Tessin in der deutschen Schweiz mit zu hoher Geschwindigkeit gefilmt wurde, meinte er, er hätte so enge Termine gehabt. In der deutschen Schweiz ist man nämlich noch gründlicher als in Deutschland: Da gibt es sogar Geschwindigkeitsbegrenzungen mit 65, 75 km/h und anderen ungeraden Zahlen. Man kann zwar kaum 60 oder 70 präzise auf dem Tacho ablesen. Aber für „Ökonazis" spielt dies keine Rolle. Für diese leider inzwischen einflußreiche Gruppe von Fanatikern ist das Auto nicht nur schuld an der Klimakatastrophe, sondern an allen Apokalypsen, die auf uns zurollen.

Daß die Erde auch ohne Autos Eiszeiten ebenso wie große Dürren erlebte, Temperaturveränderungen von bis zu 5 Grad durchschnittlich in weniger als 50 Jahren, daß ganze Populationen von Lebewesen durch natürliche Ursachen ausgerottet wurden, ist für Ökonazis irrelevant. Für sie sind – in beliebiger Reihenfolge – die Gesellschaft der Leistungsträger, das Auto, die Kernkraftwerke, die Chemische Industrie und McDonald's für das schlechte Wetter verantwortlich.

Für die „Ökonazis" ist das Auto nicht nur schuld an der Klimakatastrophe, sondern an allen Apokalypsen, die auf uns zurollen.

Wenn Joschka Fischer, damals Umweltminister in Hessen, einen Wassernotstand ausruft, dann ist in Bayern, ein paar Kilometer entfernt, alles in Ordnung. Ob nur die Grünen einen Wassernotstand feststellen können? Erfreulich scheint mir wenigstens, daß Joschka Fischer gleichzeitig in Erno's Bistro, einem Frankfurter Edelrestaurant, genauso wie ich auch bei Wassernotstand gut essen und sicher ein gut funktionierendes WC benutzen kann.

Seine Behörde jedoch hat eine Broschüre versandt, wo über zwei Seiten hinweg ein Plumpsklo beschrieben wird, d. h. eine Toilette, die kein Wasser braucht. Allerdings wird festgestellt, daß ein Zusatzkamin notwendig sei, da sonst der Geruch zu penetrant werde. Wieso empfiehlt das Ministerium nicht gleich, man solle das Auto verbieten, das Wasserklosett abschaffen und schlußendlich den Menschen? Denn ohne Menschen gibt es keine Umweltverschmutzung. Oder vielleicht doch? Wie ist das bei Vulkanausbrüchen, bei Hochwasser, bei Erdbeben?

Aber wer kann schon den lieben Hergott ins Fernsehen zitieren. Nein, lieber sind gleich die Autofahrer schuld. Außerdem bringen Bußgelder und Punkte in Flensburg bei solch kriminellen Verfehlungen wie Falschparken oder geringfügigen Geschwindigkeitsübertretungen leichter Geld in die öffentliche Kasse. Professionelle Einbrüche und Autodiebstähle, Drogenhandel, Bandengewalt, Mord und Totschlag zu bekämpfen ist viel schwieriger. Es scheint einfacher zu sein, ansonsten rechtschaffene Bürger als Autofahrer für unwichtige „Übertretungen" zu bestrafen.

Daß dabei Stadtkerne in Dreck und Verbrechen verkommen, daß Bürger Angst haben, dort nachts unterwegs zu sein, ist offensichtlich von geringerer Bedeutung. Wichtiger erscheint, daß die Polizei überprüft, ob derselbe Bürger ein Bier zu viel getrunken hat. Verbrechen zu unterbinden kostet Geld. Den Bürger mit Kontrollen und Radarfallen zur Kasse zu bitten hingegen spült Geld in die Kassen.

Aber man sollte nicht die Polizei beschimpfen, die Radarfallen aufstellt und sich gleichzeitig weigert, gegen die Drogenmafia anzugehen. Es ist der Gesetzgeber, der für diese miesen Zustände verantwortlich ist.

Inzwischen sind allerdings sogar Gerichte bereit, die Geldgier des Staates an den Pranger zu stellen. Und es ist mehr als erfreulich, daß in der Stadt Frankfurt eine Richterin diese Geldgier rügte und ein Verfahren niederschlug, das gegen einen Autofahrer eingeleitet wurde, der in einer 30-km-Zone sage und schreibe 9 km/h zu schnell fuhr. Man muß sich das einmal vorstellen: Die Stadt Frankfurt beschäftigt Gerichte mit Verfahren gegen Autofahrer wegen 9 km/h, während dieselbe Stadt den täglichen öffentlichen Rechtsbruch der Drogenmafia duldet. Das muß dem Normalbürger absurd erscheinen.

Denn was die Drogenszene anbetrifft, ist der Gesetzgeber nicht bereit, Konsequenzen zu ziehen. Drogenabhängige verrecken elend unter den schlimmsten Umständen. In Toiletten, in Bahnhöfen, auf offener Straße. Gibt es auf der Seite des Gesetzgebers niemand, der sich mit diesem Problem ernsthaft auseinandersetzen will? Wenn man Drogensüchtige als Kriminelle einstuft, muß man sie einsperren. Wenn man Drogensüchtige als Kranke akzeptiert, muß man ihnen helfen. Wieso gibt der Staat kein Geld, um Drogendörfer zu finanzieren, wo diese süchtigen Menschen behandelt werden können? Unter Aufsicht, abgegrenzt von der Allgemeinheit, damit auch die Beschaffungskriminalität aufhört? Gesunde Soldaten als Schützer des Vaterlandes werden kaserniert, und dies wird als vollkommen normal akzeptiert. Wieso können dann kranke Drogensüchtige nicht in abgeschlossenen Bereichen behandelt werden? Mit allen Einrichtungen, Restaurants, Kinos, Bibliotheken, Krankenhäusern und allem anderen, was notwendig ist.

Wenn wir, anstatt beinahe 100 Milliarden für die Sanierung der ehemaligen Sowjetunion aufzubringen, uns um das Los unserer Drogenabhängigen gekümmert hätten ...

Zu aufwendig? Tja, wenn wir, anstatt beinahe 100 Milliarden für die Sanierung der ehemaligen Sowjetunion aufzubringen, uns um das Los unserer Drogensüchtigen gekümmert hätten ...

Wenn wir sie als anständige, aber süchtige, also kranke Menschen behandeln, dann können wir auf einen Schlag der Drogenmafia den Boden entziehen, indem der Staat den betroffenen Menschen die notwendigen Drogen kostenlos zur Verfügung stellt. Was jetzt geschieht, spottet jeder Beschreibung. Die Drogenhändler beherrschen die Szene, und die Süchtigen siechen langsam dahin, während die Behörden lieber noch ein paar Radarfallen aufstellen und noch ein paar Biertrinker mehr einfangen. Als Autofahrer erkennt man auch immer öfter durchgedrehte Verkehrsteilnehmer, die unter Drogeneinfluß auf der Straße sind. Dem normalen Bürger muß es aber vorkommen, als ob seine Bestrafung wichtiger sei, wenn er ein paar km/h zu schnell fährt, denn das bringt ja Geld.

Dazu kommt für ihn noch die spürbare offizielle Schikane, daß – wie in Frankfurt am Main – Fahrradfahrer behördlicherseits von der Verkehrsregelung inzwischen bevorzugt werden. Fahrspuren für Autos auf den meistbefahrenen Innenstadtstraßen wurden zugunsten von breiten Radwegen, die kaum jemals von Radfahrern benutzt werden, abgeschafft. Damit werden jene Straßen zu Engpässen, wo die wichtigsten Frankfurter Wirtschaftsunternehmen angesiedelt sind – Banken, Werbeagenturen und andere Dienstleister, die für den privaten und geschäftlichen Verkehr erreichbar sein müssen. Da stehen dann die Besucher und Angestellten in endlosen Staus, ob im Taxi oder im eigenen Auto. Und Ampelschaltungen sollen eindeutig und bewußt durch ewig lange Wartephasen den Autofahrern ihren Weg in die City verleiden. Anstatt den Verkehr zügig weiterzuleiten und damit die Abgasbelastung deutlich zu verringern, läßt man lieber die Autos lange Minuten auf allen Seiten der Kreuzung gleichzeitig vor sich hinstinken.

Blumenkästen und Bushaltestellen, wo die früheren Parkbuchten aufgehoben wurden, Ampelschaltungen, die den Autofahrer zwingen abzubremsen, stillzustehen und wieder anzufahren, werden heute als „Verkehrsberuhigung" dem Bürger verkauft. Tatsache ist, daß sie die Staubildung erhöhen, Abgase und den Lärm verstärken und die öffentlichen Verkehrsmittel nötigen, mehr Zeit und Benzin zu verbrauchen. Logik ist schlicht und einfach nicht gefragt. Das nenne ich Diktatur der Ökonazis.

Radfahrer gelten jetzt von vornherein als die besseren Menschen – und viele halten sich selbst dafür –, weil sie als umweltfreundlich betrachtet werden. Sie dürfen in Einbahnstraßen gegen die Fahrtrichtung fahren und Autofahrern in Vorfahrtposition, die nach den Verkehrsregeln aus dieser Richtung niemanden erwarten müßten, den Weg abschneiden. Sie dürfen also offiziell Rechtsunsicherheit schaffen. Das nutzen sehr viele, um zwischen Fußgängern rücksichtslos herumzukurven, ungestraft nachts ohne Licht, auch zu zweit, auf einem Rad unterwegs zu sein. Sie können sich im rechtsfreien Raum bewegen und sind nur deshalb tabu, weil sie nach „grüner“ Meinung kein Waldsterben verursachen, nicht zum Ozonloch beitragen, folglich automatisch die „guten“ Menschen sind. Ich muß mich schämen, zwar rechtstreu, aber Autofahrer zu sein. Irgendwann jedoch wird das Pendel wieder zurückschwingen. Dann kann ich mich vielleicht wieder um den Verkehr und seine Regeln kümmern, brauche nicht laufend Radfahrer aus der falschen Richtung oder den untersten Rand des Tachos zu beobachten.

Aber eine logische Diskussion ist heute nicht gefragt. Man argumentiert mit Slogans, deren Wahrheitsgehalt noch nie stichhaltig bewiesen wurde: Die Reduzierung der Geschwindigkeit bringt angeblich weniger Unfälle. Das hat aber noch keine seriöse Untersuchung jemals nachgewiesen. 120 km/h verursachen weniger Schadstoffe und reduzieren das Ozonloch. Auch das ist wissenschaftlich nicht haltbar, wie sogar offizielle staatliche Untersuchungen ergeben haben. Hat jemand im übrigen einmal gewagt festzustellen, daß, wenn ein Autofahrer mit 50 unterwegs ist und ein anderer mit 100, der letztere die Hälfte der Zeit zum Verkehrsstau beiträgt und nur die Hälfte der Zeit einen Unfall verursachen kann? Hat jemand einmal versucht festzustellen, was passiert, wenn Autofahrer gezwungen werden, viel langsamer zu fahren als die Straßenverhältnisse es zulassen? Daß sie zwangsläufig aggressiver werden, teil-

Radfahrer gelten heute automatisch als die besseren Menschen – und viele halten sich selbst dafür.

weise auch weniger aufmerksam und daß sie ihre aufgestaute Frustration in teilweise riskanten Manövern abreagieren? Erfahrene Verkehrsteilnehmer wissen sehr genau, daß auf guten Straßen mit zu geringen Geschwindigkeiten das Fahrverhalten viel aggressiver ist als auf denselben Straßen ohne Geschwindigkeitsbegrenzung. Aber was kümmert dies ideologisch fehlgeleitete Behörden?

Von Freiburg bis kurz vor der schweizerischen Grenze gibt es eine Geschwindigkeitsbegrenzung auf 120 km/h. Vor- und nachher ist freie Fahrt. Dieselbe Autobahn, dieselben Verhältnisse, der einzige Unterschied ist die Couleur der zuständigen Politiker. In Hessen und in anderen rot-grün regierten Ländern kann man diesen Unfug besonders gut beobachten. Wenn Schwarz regiert, werden die Schilder „Lärmschutz – 80 km/h“ abgeschafft. Wenn Rot-Grün wieder an die Macht kommt, werden die Schilder wieder angebracht. Was soll der seriöse Autofahrer von diesen Schikanen halten?

Die Würzburger Autobahn dokumentiert diese behördliche Willkür. In Hessen gilt eine Geschwindigkeitsbegrenzung von 130 km/h von 6 bis 22 Uhr. Auf derselben Strecke ab Ländergrenze Bayern herrscht 130 km/h von 22 bis 6 Uhr. Böse Zungen behaupten, in Bayern würden die Beamten nachts schlafen, im Gegensatz zu Hessen.

Der Bürger muß den Eindruck haben, daß er von kleinlichen Behörden schikaniert wird, während die Geschäfte von Kriminellen wie Drogenhändlern und Autoschiebern großzügig übersehen werden (und wenn man einmal wirklich welche festnimmt, müssen sie aufgrund unverständlicher Haftbestimmungen gleich wieder freigelassen werden). Man findet sogar Zeit, den Bürger in einem barschen Schreiben unter Bußgeldandrohung darauf hinzuweisen, daß seine Vorgartenhecke geschnitten werden müsse, während die Behörden monatelang – so zum Beispiel in Frankfurt – bei Anlagen mitten in der Fußgängerzone die ganzen Gartenreste liegen lassen. Anlagen, die vor ein paar Jahren mit viel Geld bepflanzt wurden, siechen heute verwildert dahin.

Ich wurde von einem Ordnungsbeamten besucht, der mir vorwarf, daß ein Ast einer meiner Bäume das 30-km-Schild verdecken würde, und er forderte mich auf, den störenden Ast unverzüglich zu entfernen. Diese Auflage kommt von derselben Stadt, die bei bereits unübersichtlichen Kreuzungen monatelang hohes Gras und wild wuchernde Sträucher vor den Verkehrsschildern sprießen läßt, weil das Schneiden offensichtlich zu teuer ist oder einfach vergessen wurde. Die

Kontrolle bei mir, dem Privatmann, hingegen bringt Geld, denn man hatte mich auch prompt darauf aufmerksam gemacht, daß das Nichtentfernen des angeblich so gefährlichen Astes eine Buße nach sich ziehen würde.

Es ist die Diskrepanz zwischen behördlicher Schikane im Kleinen und dem gleichzeitigen Unvermögen, im Großen, bei der echten Kriminalität durchzugreifen. Der durchschnittliche deutsche Bürger billigt diese Zustände nicht, sondern sehnt sich nach Ordnung und Sicherheit. Aber der Staat redet und redet und unternimmt gar nichts. Immer mehr Bürger fangen deshalb an, sich selbst zu schützen, trotz der hohen Steuern, die sie eigentlich an den Staat auch zu ihrem Schutz zahlen.

Dazu kommt, daß bei Gewalttaten, wenn in Innenstädten randaliert wird, das meist linke staatliche Fernsehen immer wieder Szenen zeigt, wie die Polizei arme Ausländer und anständige Bürger malträtiert. Die Bilder, wo Polizisten mit Steinen und Wurfgeschossen verletzt, wo Schaufenster eingeschlagen werden, sind offensichtlich nicht so dramatisch. Polizisten dürfen dieser Gesinnung zufolge verprügelt und verletzt werden, aber unter keinen Umständen den Besitz und die Rechte steuerzahlender Bürger schützen. Für diese Strategie gibt es ein Fremdwort: Deeskalation. Auf Deutsch: Gewalttäter frei randalieren lassen. Und übermorgen darf die Polizei wieder geldbringende Knöllchen verteilen.

Es sind nicht die Ausländer generell, die für den Verfall der Städte verantwortlich sind. Es ist die Minderheit des ausländischen Gesindels, das unseren Sozialstaat mißbraucht und unsere Gesetze mißachtet. Anstatt abgeschoben zu werden, finden sie Zuflucht in unserem Rechtsstaat. Sie dürfen demonstrieren, Autobahnen sperren, Gewalt anwenden, selbst morden, aber mit guten Rechtsanwälten sind sie in Kürze wieder frei und können von neuem Unheil stiften.

Einzig und allein Deutschland hat diese Toleranz gegenüber sogenannten Asylanten, die uns ausnutzen und zum rapiden Zerfall von Moral und Sicherheit beitragen. Man glaubt immer noch, man wäre der Welt diese Großzügigkeit schuldig aufgrund der Naziverbrechen. Deutschland hat keine Notwendigkeit, diesen Irrglauben aufrechtzuhalten. Deutschland hat jedes Recht, genau wie alle anderen Staaten, verbrecherische Elemente abzuschieben und zu verlangen, daß Ausländer sich nach dem deutschen Recht verhalten. Wenn nicht, sollen diese Herrschaften, bitte schön, das Land unverzüglich verlassen. Fleißige, steuerzahlende Ausländer sind mehr als willkommen, sie werden in Deutschland mit offenen Armen aufgenommen, und niemand hat mit ihnen ein Problem.

Dies war in den 70er Jahren noch ganz anders, wie ich am eigenen Leibe erfahren durfte. Einer meiner Angestellten, den ich entlassen hatte, wollte sich dafür rächen und teilte der Staatsanwaltschaft wahrheitswidrig mit, ich hielte mich unrechtmäßig in Deutschland auf. An einem schönen Sonntagmorgen standen zwei Vertreter der Fremdenpolizei vor unserer Wohnung. Ein junger mit kurzem Haarschnitt und strafenden Augen, ein älterer, eher ruhig wirkender Kollege. Der Jüngere fragte nach meinem Namen, verglich ihn mit demjenigen auf seinem Papier und forderte mich auf, meinen Paß vorzuweisen. Ich entschied mich, ihm meinen amerikanischen Paß zu geben, der zufälligerweise gerade vor ein paar Tagen erneuert

Fleißige, steuerzahlende Ausländer werden in Deutschland mit offenen Armen aufgenommen.

worden war. Er kontrollierte ihn und fragte scharf: „Wo ist ihr echter Paß?“ Ich sah ihn fragend an. Er blieb bei seinem aggressiven Ton: „Dieser Paß ist erst ein paar Tage alt, und offensichtlich sind sie kein Amerikaner. Ich verlange ihre richtigen Papiere.“ Da ich vor Staatsgewalt keinen Respekt habe, fauchte ich den jungen Polizisten an: „Wir leben in den 70er Jahren und nicht in der Nazizeit. Dieser Paß ist echt, und Ihr Auftritt ist eine bodenlose Unverschämtheit.“ Die Reaktion war prompt und deutlich: „Ich lasse Sie aus Deutschland ausweisen.“ Ich antwortete jetzt ruhig und überlegt, was ihn besonders ärgerte: „Dies würde ich Ihnen nicht anraten, es sei denn, Sie wollen Ihren Namen in den führenden Zeitungen wiederfinden. Zusätzlich werde ich eine Aufsichtsbeschwerde gegen Sie einreichen.“ Mit diesen Worten machte ich den beiden die Tür vor der Nase zu.

Es dauerte nicht lange, bis es erneut klingelte. Dieses Mal meldete sich der Ältere der beiden und meinte, man sollte den

Vorfall in Ruhe diskutieren. Denn offensichtlich war ihm klargeworden, daß sie eventuell den kürzeren ziehen könnten, hatte ich doch bereits meine deutsch geborene Frau als Zeugin des Gesprächs dazugezogen. Ich war jedoch unnachgiebig und fügte hinzu, die Presse sei bestimmt interessiert, wie ein steuerzahlender Ausländer in Deutschland behandelt würde.

Am nächsten Morgen, kurz nach 9 Uhr, erhielt ich einen Anruf von der Fremdenpolizei in Friedberg. Es sei alles ein Mißverständnis, ich bekäme selbstverständlich eine uneingeschränkte Aufenthaltsgenehmigung, und ich solle doch bitte schön das etwas zu forsche Vorgehen des jungen Beamten entschuldigen. Für mich war damit der Fall erledigt. Heute wird von straffälligen Ausländern, die natürlich lieber hier bleiben wollen, das Bundesverfassungsgericht angerufen! Wie sich doch die Zeiten ändern.

VIII

DIE BANKEN, DIE MACHT UND DIE WIRKLICHKEIT

In Deutschland wird das Thema „Macht der Banken" immer wieder in regelmäßigen Abständen aktualisiert und diskutiert. Hauptsächlich vor Wahlen – denn wer mag schon Banken? –, bei Firmenpleiten und wenn Anleger Geld verlieren.

An Finanzplätzen wie New York, London, Zürich oder Mailand ist dieses Thema uninteressant. Nur in Deutschland wird es immer wieder hochgespielt. Der Grund ist sicherlich unter anderem darin zu finden, daß man heute nicht mehr weiß, welch eine gewichtige Rolle die Banken in der Wiederaufbauphase Deutschlands nach dem zweiten Weltkrieg spielten. Nur sie hatten damals die notwendigen Mittel zur Verfügung, um der Industrie unter die Arme zu greifen. Allen voran die Kreditanstalt für Wiederaufbau, die die Gelder des Marshall-Plans verwaltete und den Unternehmen Kredite zur Verfügung stellte.

In diesem Umfeld waren auch die Großbanken einflußreiche Partner. Deshalb ist es schwer verständlich, wieso jetzt dieselbe Hilfestellung als „Macht" kritisiert wird. Denn es versteht sich doch eigentlich von selbst, daß die Geldgeber bei der Strategie eines Unternehmens im Aufsichtsrat ein gewichtiges Wort mitsprechen wollen. So kam auch Hermann Josef Abs zu seinen vielen Aufsichtsratsmandaten, war er doch mitverantwortlich für die Gründung der Kreditanstalt für Wiederaufbau. Daß dieses System gut funktioniert hat, kann niemand anzweifeln. Denn von den Deutschen wurden die Marshallgelder nicht verbraten, sondern sie haben sie verzinst und größtenteils zurückbezahlt.

Dazu kam noch die Auflage der Alliierten an die Industrie, ihre gegenseitigen Industriebeteiligungen abzustoßen. Sie nannten es Entflechtung. Allerdings, wie dies in der Politik so üblich ist, hatte sich niemand überlegt, wer denn diese Holdings übernehmen sollte. Es blieben nur der Staat oder die Banken, und die letzteren hatten die nötigen Mittel. Also konzentrierten sich die Industrieholdings bei den Banken, zur großen Überraschung und zum Ärger der Alliierten. Man sprach wieder von einer neuen Machtkonzentration. Ein typisch politisches Konzept: halb durchdacht, oberflächlich ausgeführt, und im Endeffekt wurde das Gegenteil erreicht von dem, was man sich vorgenommen hatte. Das war damals in der Politik so üblich wie heute.

Macht bedeutet Einfluß. Wenn die Macht der Banken eingeschränkt werden soll, wer soll davon profitieren? Der Staat, die Gewerkschaften? Oder Großaktionäre, die – wie in Amerika – teilweise unkontrollierbare Macht ausüben? Lieber „Macht“ in den Händen der Banken, die sich dem Wettbewerb stellen müssen, als Macht in den Händen von Laien, die wenig oder überhaupt nichts von Marktwirtschaft verstehen. Sicherlich, es gibt auch bei den Banken Versager, genau wie in allen anderen Berufen. Aber das deutsche Bankensystem hat der gesamten Nation gute Dienste geleistet.

Dies soll nicht darüber hinwegtäuschen, daß es auch bei Banken Spitzenleute gibt, die ihre Fähigkeiten überschätzen. Ich habe immer wieder – natürlich nur im Scherz! – behauptet, daß es bei der Deutschen Bank Vorstände gibt, die glauben, sie seien die Deutsche Bank (die sind gefährlich), während andere genau wissen, daß sie für die Deutsche Bank arbeiten.

Lieber „Macht“ in den Händen von Banken, die sich dem Wettbewerb stellen müssen, als in den Händen von Laien, die von Marktwirtschaft nichts verstehen.

Zur Zeit halten sich die beiden Gruppen etwa die Waage. Ein paar haben sich als so inkompetent erwiesen, daß sie in den USA oder im Vereinigten Königreich schon längst hätten gehen müssen, aber bei der Deutschen Bank regierte an der Spitze immer noch die Solidarität. Ob dies in der heutigen Zeit allerdings noch richtig ist, muß man bezweifeln. Allerdings besser Solidarität als öffentlich schmutzige Wäsche waschen wie bei Daimler!

Gründe zur Kritik an den Aktivitäten einer Großbank lassen sich immer mehr als genug finden. Ist es deshalb angebracht, daß sich ein Vorstand in langen Briefen beschwert, wenn jemand in der Presse sich erlaubt, ihn zu kritisieren? In der Publizistik gibt es dazu ein paar Grundregeln.

Erste Grundregel: Man kritisiert nie öffentlich Journalisten. Man lobt sie. Wenn sie Unsinn schreiben, und dies ist öfter der Fall, lädt man sie höflich zum Dialog ein und versucht sie mit Fakten zu überzeugen.

Zweite Grundregel: Man schreibt nie beleidigende Briefe an die Redaktionen. Journalisten sind auch nur Menschen. Wenn der Bundesverband Deutscher Banken den Chefredakteur der Wirtschaftswoche und seinen Assistenten der „Regenbogenpresse-Berichterstattung" bezichtigt und zur Strafe den Brief noch an den damaligen Verleger Dr. Engels mit der Bitte um Kenntnisnahme schickt, dann sollte man sich nicht wundern, wenn diese beiden Journalisten besonders kritisch reagieren (Briefe mit sachlicher Kritik werden akzeptiert, aber keine Versuche der Einflußnahme auf die Redaktion über den Herausgeber)! Und wenn der PR-Chef einer Großbank die Neue Zürcher Zeitung oder die International Herald Tribune anruft und versucht, die Veröffentlichung einer brisanten Story zu verhindern, dann sollte sich dieser Experte nicht wundern, daß sie auf der Titelseite erscheint.

Dritte Grundregel: Wenn es hagelt, sollte man nie den Spitzenmann nach vorne schieben. Denn wenn die Wölfe heulen, muß jemand vom Schlitten, und es ist immer besser, wenn einer aus dem zweiten Glied geopfert wird anstelle des Spitzenmannes (solange man den nicht opfern will).

Ich habe beispielsweise nie verstanden, wieso die Deutsche Bank in der Schneider-Affäre ausgerechnet gleich ihren Vorstandssprecher Kopper an die Front geschickt hat. Es gab genügend Verantwortliche auf unterer Ebene, die man opfern konnte (was man dann auch tat), ohne zusätzlich noch den Mann an der Spitze so unvorbereitet an die Fernsehwölfe zu verfüttern. Der vielzitierte Ausspruch, runde 50 Millionen DM seien „Peanuts", war aus seiner Sicht angesichts der Höhe des Gesamtschadens vollkommen verständlich. Denn er hat ja nicht die Verluste der Schneider-Affäre selbst als Peanuts bezeichnet, sondern nur die Höhe der offenen Rechnungen der Handwerker im Vergleich dazu. Doch kaum ein Medium hat dies richtig aufgenommen.

Ein Mann wie Kopper hätte bessere Beratung verdient. Er ist ein grundehrlicher, seriöser Banker, und er hätte viel früher aus der Schußlinie genommen werden müssen. Aber einige seiner Berater haben immer noch nicht die Zeichen der Zeit erkannt. Journalisten neigen immer stärker dazu, Kompetenz in Frage zu stellen, und die Kritik an der Nummer eins gehört zum professionellen Handwerkszeug. Es gibt dem Journalisten eine ideale Gelegenheit, sich zu profilieren. Empfindliche Vorstände, die seitenlange Briefe an Kritiker schreiben, sind geradezu dafür prädestiniert, angegriffen zu werden. Etwas mehr Zurückhaltung und Bescheidenheit täten hier gut.

Krisenexperten mit Humor sprechen von der Nelly-Methode. Sie hat ihren Namen aus dem Lied „Wait till the sun shines, Nelly", einem alten amerikanischen Gassenhauer, und sie bedeutet, daß der Spitzenmann erst dann wieder ins Licht kommen sollte, wenn die Sonne scheint.

Vierte Grundregel: In einer Krise spricht nur einer mit der Presse. Exxon hat nach dem Öldesaster mit dem verunglückten Tanker „Exxon Valdez" der ganzen Welt vorgeführt, wie man es falsch macht: Mehrere Sprecher in verschiedenen Zentren gaben unterschiedliche Informationen an die Presse.

Auch sollte man die internationale Perspektive nicht unterschätzen. Wenn ein Vorstand der Deutschen Bank den früheren Vorsitzenden der Metallgesellschaft, Schimmelbusch, als „österreichischen Händler" abqualifiziert, dann müßte man ihn warnen, daß sehr schnell aus dem österreichischen Händler ein jüdischer Händler gemacht werden kann, und dies wäre für einen Vorstand der Deutschen Bank tödlich. Es läßt sich leicht nachvollziehen, daß solche Kritik sehr prononciert aus einer Richtung kommen könnte.

Obwohl im benachbarten Ausland nicht sehr beliebt, agierte Herrhausen gerade bei deutschen Journalisten viel klüger. Er kannte sie alle bei Namen, ihre Position und ihre Organe, und er hatte für jeden ein positives Wort. Er war ein absolut brillanter Publizist, obwohl seine Aussagen oft leere Worthülsen ohne viel Substanz waren. Aber es zählt eben nicht nur die Substanz der Information, sondern vielmehr auch deren Verpackung. Es ist müßig zu spekulieren, wie die Presse auf die Schneider-Affäre, die Südmilch-Pleite und andere aktuelle Probleme der Deutschen Bank unter dem Sprecher Herrhausen reagiert hätte – vielleicht hätte seine Art der PR der öffentlichen Reaktion einiges von ihrer Schärfe nehmen können. Eins ist klar: Die demonstrierte Arroganz, obwohl hervorragend verpackt, hätte nicht mehr lange die bekannten Schwächen überdeckt. Es war Koppers Pech und nicht seine Verantwortung, daß diese Pleiten unter seiner Ägide bekannt wurden.

Zur Zeit leiden alle Banken unter der Unsicherheit der Nummer eins. Es wäre wünschenswert – weil im Interesse aller Banken –, wenn die Deutsche Bank ihre Souveränität, aber nicht ihre Arroganz zurückgewinnen würde. Doch dies schafft sie nur, wenn ihre Öffentlichkeitsarbeit einer eisernen Disziplin unterworfen wird. Dabei hat die Maxime zu gelten, daß Journalisten offen informiert werden müssen und nicht öffentlich kritisiert werden. Öffentliche Maßregelung von Journalisten – so wie in der Interhotel-Affäre – bekräftigen nur das negative arrogante Image. Auch hilft es wenig, wenn Kopper bedauert, daß keine einflußreichen Medien im Wirtschaftsbereich – wie in der angelsächsischen Welt – in Deutschland vertreten seien. Damit gießt er nur Öl ins Feuer. Auch der „Spiegel" will ernstgenommen werden. Wenn man ihn ignoriert und auch bei der Anzeigenwerbung boykottiert, dann soll man sich nicht wundern, wenn kein Dialog zustande kommt.

Aber auch die Mitarbeiter einer Deutschen Bank müssen teilweise noch lernen, daß konstruktive professionelle Kritik zum

Vorteil des Unternehmens ist. Ich erinnere mich an ein typisches Beispiel, das diese Problematik beleuchtet: Ein mittelständisches Unternehmen, an dem die Deutsche Bank eine Minoritätsbeteiligung hielt, sollte an die Börse gebracht werden. Der knapp 70jährige Inhaber, der die Firma aus dem Boden gestampft hatte, mußte zum ersten Mal einen Geschäftsbericht auflegen. Er war sehr stark international ausgerichtet und wollte – wie seine Konkurrenz in den USA, mit der er ein gutes Verhältnis pflegte – auf der wichtigsten Seite, nämlich der Titelseite, alle bedeutsamen Fakten über sein Unternehmen aufführen: Umsatz, Produktbereiche, Mitarbeiterzahl und Gewinn. Er meinte: „Geschäftsberichte liest eh' niemand, also kommen die wichtigsten Fakten auf die Titelseite, die wird wenigstens kurz wahrgenommen." Für uns eine exzellente Idee, die zudem in der angelsächsischen Welt schon gut eingeführt war.

Wir bereiteten den Geschäftsbericht entsprechend dem aus unserer Sicht intelligenten Wunsch unseres Kunden vor. Kurz vor Druckfreigabe kam ein mehrseitiger Brief von der Konsortialabteilung der Deutschen Bank, die uns von oben herab belehrte, daß diese Art der Veröffentlichung auf einem Geschäftsbericht nicht marktüblich sei und auch nicht erwünscht.

Glücklicherweise bestand der Besitzer auf seiner Entscheidung, und sein Geschäftsbericht wurde von fast allen als vorbildlich gelobt. Inzwischen gibt es sogar Großbanken, die auf der Titelseite ihres Geschäftsberichts strategische Leitlinien aufführen.

Wieso bleiben diese sogenannten Experten nicht bei ihren Leisten und überlassen die Entscheidungen über publizistische Maßnahmen den Profis? Ein kleiner Zwischenfall, aber typisch. Abs bezeichnete Leasing in der Pionierzeit als „amerikanischen Hokuspokus". Und van Hooven, der selbsternannte Vater des Eurocheque, meinte zu der American Express Karte: „Die Deutschen werden diesen amerikanischen Kreditkarten-Unfug nie mitmachen." Wir formulierten bei Charles Barker zusammen mit Jürgen Aumüller von American Express, einem echten Marketing-Profi, zu diesem Zeitpunkt der teilweise höhnischen Kritik aus der Bankenwelt den Slogan „Die Plastikrevolution auf dem Vormarsch". American Express behielt mehrere Jahre die Marktführerschaft, bis schlußendlich die Banken auf die Kundenwünsche eingingen und die Eurocard lancierten.

Jetzt haben die deutschen Banken das Bookbuilding-Verfahren bei Börseneinführungen entdeckt, und es ist faszinierend, welch grober Unfug dabei erzählt wird.

Als international orientierten Konsumenten belustigte mich der Eurocheque mit der dazugehörigen Karte stets. Immer wenn ich in einem Geschäft bei der umständlichen Prozedur zusah, wie jemand seine Brieftasche mit den Schecks aus der Tasche zog, den Scheck ausfüllte, dann die Eurochequekarte aus dem Portemonnaie holte, in die Hand nahm und die Nummer eintrug, um die Karte dann an die Kasse zur Kontrolle zu geben, damit Schecknummer, Unterschrift und Scheckkarte miteinander verglichen werden konnten – dann fiel mir die Mahnung der Banken ein, man soll dic Schecks gesondert von der Eurochequekarte aufbewahren. Wahrscheinlich meinten die realitätsnahen Experten, eine Frau werde im Sommer das Scheckbuch im Höschen aufbewahren und die Karte im Büstenhalter – oder sollte sie zwei Taschen dabeihaben, auf die sie aufzupassen hatte?

Ein Glück, daß der Eurocheque langsam verschwindet. Ich brauche nun nicht mehr so lange an der Kasse zu warten, bis der Kunde vor mir bezahlt hat. Wie sagte doch dieser Unternehmer, der alle wichtigen Fakten auf der Titelseite seines Geschäftsberichtes haben wollte: „Alles kommt früher oder später aus Amerika zu uns, das Gute wie das Schlechte, inklusive Heroin."

Jetzt haben die deutschen Banken bei Börseneinführungen das Bookbuilding-Verfahren entdeckt, und es ist faszinierend zu hören, welch grober Unfug in diesem Zusammenhang erzählt wird. Meinte doch ein offizieller Sprecher der Deutschen Bank in einer Fernsehsendung, man könne jetzt zwischen seriösen und unseriösen Anlegern unterscheiden. Der unseriöse sei derjenige, der die Aktien nur kurzfristig, also spekulativ halte.

Ich hatte bisher geglaubt, es sei Aufgabe des seriösen institutionellen Anlegers, Gewinne zu erzielen. Oder wie sieht es bei den Devisenhändlern aus? Einer, der den Dollar nur kurzfristig hält, ist demnach unseriös? Die Deutsche Bank hat offensichtlich eine neue Moral für internationale Anleger endeckt. Meine angelsächsischen Partner haben sich vor Lachen gekrümmt.

Zudem verkündete der Sprecher der Deutschen Bank in derselben Fernsehsendung, auch private Anleger würden auf Seriosität geprüft. Es wäre sicherlich interessant zu erfahren, wie die Deutsche Bank das in dem kurzen Zeitraum eines Bookbuilding-Verfahrens schaffen will. Würde Schneider als seriöser oder unseriöser Anleger bewertet?

Es ist solch oberflächliches Geschwafel, das diesem feinen Institut schadet. Klar ist, daß die Börsenkandidaten gern Aktionäre hätten, die ihre Papiere langfristig halten. Dies ist verständlich, aber die Gesetzgebung in den USA und nun auch in Deutschland fördert den kurzfristigen Handel, weil gerade die Institutionen nicht als Insider eingestuft werden wollen. Es gibt dazu genügend Lektüre von kompetenten Verfassern, die aber offensichtlich der Deutschen Bank nicht bekannt ist. Oder will man bewußt von der Tatsache ablenken, daß dieses Bookbuilding-Verfahren bei Börseneinführungen das Risiko von den Banken auf den Emittenten verlagert (was übrigens vollkommen berechtigt ist)?

Auf alle Fälle ist schon die Unterscheidung in seriöse und unseriöse Anleger eine unbegreifliche Dummheit, weiß man doch, daß sehr viele seriöse Banken gute Geschäfte machen, indem sie Aktien kurzfristig handeln, und dies nicht nur beim Dividendenstripping. Wenn also ein ausländischer institutioneller Anleger bei einer Börseneinführung – die besonders Fortschrittlichen nennen sie heute gern „IPO“ – zwanzig Prozent in ein paar Tagen gewinnt und durch die DM-Stärke noch zehn dazu, ist er, wenn er die Aktie kurzfristig verkauft, nach Einstufung der Deutschen Bank ein unseriöser Anleger. Am deutschen Wesen soll die Welt genesen!

IX

GROSSE MÄNNER, KLEINE LICHTER

Über 25 Jahre als Berater in Deutschland tätig sein zu dürfen, das bedeutet für mich eine unverzichtbare Lebenserfahrung. Ich habe in diesem Beruf viele Spitzenleute kennen- und schätzengelernt. Darunter waren auch ein paar arrogante Dummköpfe, die mir allerdings immer leid taten; denn sie waren meist zu engstirnig, um zu merken, daß niemand ihre Person ernstnahm, sondern nur ihre Position.

Höhepunkte waren meine Erlebnisse mit von Bennigsen-Foerder. Er war ein brillanter Stratege und gewiefter Publizist, der die VEBA erfolgreich als Industrieunternehmen positionierte, weg vom langweiligen Energieversorger mit programmiertem Gewinnzuwachs auf der Basis monopolistischer Strompreise. Ich begleitete ihn zwei Tage nach London, wo wir mit ihm ein Video drehen wollten. Sein Englisch war damals dürftig, also übernahm ich die Aufgabe der Simultan-Übersetzung. Alles lief schief. Der bestellte Chauffeur wartete am falschen Ort zur falschen Zeit, das Essen war schlecht, und das Studio hatte den falschen Termin eingetragen. Von Bennigsen war für sein

Temperament bekannt; als er anfing sich zu beklagen, versuchte ich ihm mit Humor zu begegnen. Er war zum ersten Mal in London, und ich versicherte ihm, es sei der Charme dieser Stadt, daß meistens alles schieflaufe.

Ich hatte dies während meines dreizehnjährigen Aufenthalts mehr als genug erfahren. Angefangen von der Zentralheizung, die regelmäßig in Kälteperioden ausfiel, weil der Gasdruck absank und die Zündflamme ausging. Wenn man mehrmals bei Kerzenlicht nachts versucht, die Heizung wieder in Gang zu bringen, während der Kundendienst mit Bedauern feststellt, daß der Gasdruck nur in großen Kälteperioden absinkt (was natürlich jedes Jahr der Fall war), dann lernt man sehr schnell, sich nicht aufzuregen. Denn auch die Züge waren im Winter nicht pünktlich, weil die Weichen einfroren. Es blieben die berühmte Tasse Tee und der Humor. Also empfahl ich von Bennigsen, seinen Aufenthalt zu genießen und sich erst wieder in Deutschland aufzuregen, wo es sich lohnte und man meistens auch Resultate bei Beschwerden erzielte.

Trotz seiner Brillanz – oder vielleicht gerade deswegen – konnte er sehr dünnhäutig sein und sehr giftig reagieren. Bei einem Meeting über eine neue publizistische Offensive warf er spontan die ganzen Unterlagen dem zuständigen PR-Mann vors Gesicht und knurrte ihn an, er könne keine Entscheidung treffen, wenn man ihn nicht vorher informiere. Er fügte nur wenig scherzhaft hinzu, er könne den Mann auch ein Jahr in die Bibliothek versetzen. Sein Umgang mit Journalisten war brillant; was er allerdings nicht tolerierte, waren dumme oder uninformierte Fragen. Den unerfahrenen Journalisten einer angesehenen internationalen Finanz- und Wirtschaftszeitung fauchte er in einer Pressekonferenz an: „Ich bin nicht bereit, meine Aussage zu wiederholen, nur weil Sie nicht richtig zuhören können." Das war nun weniger brillant, denn der junge Journalist rächte sich mit einer unfairen Headline am nächsten Tag; sie war alles andere als positiv. Im Gesamttaktieren von Bennigsens mit der Presse war dies ein kleiner unwichtiger Ausrutscher, aber er bestätigt, daß es sich nie lohnt, zu Journalisten unhöflich zu sein.

Ein Banker von absolut großem Format, Dr. Seipp, wird mir ebenfalls immer in bester Erinnerung bleiben. Er war damals Vorstand bei der WestLB, zuständig fürs Auslandsgeschäft. Der PR-Chef, der kompetente und freundliche Josef Leis, und ich sollten eine neue Auslandskampagne präsentieren. Wir mußten eine gute halbe Stunde im Vorzimmer warten, aber Seipps

Manche Spitzenleute sind zu dumm, um zu merken, daß niemand ihre Person ernst nimmt, sondern nur ihre Position.

Sekretärin versicherte uns, er habe ein wichtiges Gespräch; also hatten wir kein Problem damit. Dr. Seipp ist auch kein Mensch, der jemanden mit Absicht warten ließe. Es gibt allerdings genug Wichtigtuer, die prinzipiell aus ihrer Sicht weniger wichtige Besucher warten lassen, um dann als erstes darauf hinzuweisen, daß sie wenig Zeit hätten. Aus Erfahrung sind dies meistens diejenigen, die anschließend stundenlang faseln können.

Wir wurden in das Zimmer geführt, kurz bevor Seipp sein Telefonat beendete, und das einzige, was wir noch mitbekamen, war ein nicht besonders freundlicher Kommentar von ihm. Inzwischen hatten wir die Kampagne auf dem Konferenztisch ausgebreitet. Dr. Seipp schaute sich die erste Anzeige an – es war ein Bild der „Concorde" – und meinte: „Typisch, das Ding ist teuer und unbequem." Er betrachtete das zweite Motiv, einen Staudamm, und knurrte: „Klar, das ganze Wasser geht den Berg runter." Es gab nur noch eine Möglichkeit, die Kampagne, die uns viel Freude, aber auch Arbeit gemacht hatte, zu retten.

Ich packte die Anzeigen zusammen und sagte: „Dürfen wir wiederkommen, wenn Sie gute Laune haben?" Er fing an zu lachen, ging zu seinem Schreibtisch und holte zwei kubanische Zigarren, eine für mich und eine für sich. Er zelebrierte das Anzünden und forderte uns auf, ihm die Kampagne zu erklären. „Concorde: innovative Technik, Zukunft, Schnelligkeit." Er nickte. „Staudamm: Energiespeicher, Kraft, die Plazierungskraft der WestLB." Er nickte, schaute sich die anderen Motive an, las die Headlines, überflog die Texte und genehmigte die Kampagne für über zwei Millionen DM. Er hat die Größe, Menschen zuzuhören und erst anschließend seine Meinung zu bilden. Dies ist auch der Grund, weshalb er sich nicht mit Jasagern umgeben mußte, um sein Ego zu pflegen. Kein

Wunder, daß er bei der Commerzbank mehrere Vorstände auf Nebengleise beförderte, waren einige von ihnen doch inkompetente Wichtigtuer, die gar nicht bemerkten, daß die Bank in einer großen Krise steckte. In kürzester Frist war die Stimmung bei der Commerzbank wieder positiv und zukunftsorientiert. Was doch ein einziger Mann, wenn er der richtige ist, an der Spitze bewegen kann! Man denke an Lee Iaccoca bei Chrysler oder Lou Gerstner bei IBM. Dr. Seipp gehört in die Gruppe der Spitzenleute, die mit Motivation und Überzeugung Berge versetzen können.

In diesem Zusammenhang kann man sich auch an seine Auseinandersetzung mit Herrhausen über die Drittländer-Verschuldung erinnern, wo er eine Meinung vertrat, die zwar nicht unbedingt populär war, aber absolut richtig. Im Prinzip vertrat er die Auffassung, man solle Geld nicht verschenken, und Schuldner sollten doch bitte ihre Schulden zurückzahlen. Wenn doch nur Politiker diese Einsicht hätten; vielleicht bekämen dann die Deutschen wieder viele Milliarden zurück, die während der Scheckbuch-Diplomatie von Genscher und Konsorten, ohne Rücksicht auf die Belastung der Steuerzahler, in der ganzen Welt verschenkt wurden.

Ich hatte mir immer gewünscht, Genscher müßte jedesmal die Summen, die er verschenkte, persönlich zählen. Er hätte bei einer Milliarde etwa 30 Jahre lang ununterbrochen zählen müssen. Wir hätten heute viel niedrigere Steuern, wenn Bonn nicht geglaubt hätte, man müsse Macht mit Geld demonstrieren, während die Russen ihre Panzer und Raketen als Zeichen der Stärke einsetzten und von den Deutschen Milliarden und Abermilliarden kassierten.

Ein anderer Spitzenbanker war Dr. Sippel. Als ich ihn zum ersten Mal kennenlernte, war er ebenfalls bei der WestLB, später wurde er unser Kunde bei der Hessischen Landesbank. Genau wie Seipp übernahm er eine Bank in einer tiefen Krise. Sie kostete den Steuerzahler als Garanten mindestens etwa 2 Milliarden DM.

Sippel brillierte mit ruhiger Kompetenz, aber einer knallharten Personalpolitik. Er ließ keine Luftballons aufsteigen (seine eigenen Worte), sondern setzte sich unnachgiebig dafür ein, daß seine Bank einen qualitativ hochstehenden Service bieten konnte. Die Zusammenarbeit mit ihm war nicht nur eine Herausforderung, sondern machte auch viel Spaß.

Allerdings gab es eine kritische Phase. Wir waren verantwortlich für die Organisation einer Pressekonferenz in New York. Fünfzehn Journalisten hatten am Abend vorher zugesagt. Sieben Helaba-Banker reisten an, um sich downtown zum Lunch mit den Journalisten zu treffen. Uptown war gleichzeitig eine wichtige Presseveranstaltung, die kurzfristig zuvor angesagt worden war. Die Oberen der Helaba warteten eine gute Stunde. 22 Lachsgedecke waren aufgetischt, und schlußendlich waren zwei Journalisten gekommen. Welche Blamage für Sippel. Ich war glücklicherweise nicht dabei, aber er rief mich am nächsten Tag an und meinte höflich: „Bei mir kriegt jeder eine zweite Chance.“ Es hätte wenig geholfen, hätte ich ihn darauf

ZBANK

aufmerksam gemacht, daß in New York Journalisten laufend zusagen und einfach nicht auftauchen. Zusätzlich: Wer oder was war die Helaba in New York? Höchstens eine kleine, unbekannte Klitsche. Es wäre unsere Pflicht gewesen, auf diese Problematik hinzuweisen. Somit waren wir in der Verantwortung, und Dr. Sippel hatte absolut recht, uns an den Ohren zu ziehen.

Wenn heute mein Unternehmen eine Presseveranstaltung organisiert, denke ich immer an Dr. Sippel und die Blamage, die wir ihm verursacht haben.

Aber es gibt auch Erlebnisse mit Dummköpfen. Vor der Ära Seipp war ein kleiner Wichtigtuer bei der Commerzbank für die Auslandswerbung verantwortlich. Mein Partner und ich präsentierten eine neue Kampagne. Er empfing uns zeitunglesend mit der Bemerkung, er hätte von unserer Fähigkeit gehört, Bankern Werbung zu verkaufen. Wir waren damals immerhin für die Auslandsprofilierung von elf der ersten sechzehn deutschen Banken verantwortlich. Anschließend betonte er, er lese höchstens auf der Toilette Anzeigen, weil er dort dafür Zeit hätte. Mit anderen Worten: Er signalisierte uns, wie wichtig er sei, indem er Zeitung las, während er mit uns sprach, und zweitens gab er uns zu verstehen, daß das, was wir leisteten, höchstens auf der Toilette gelesen werde.

Er war eine wirkliche Niete in Nadelstreifen. Es machte aber keinen Sinn, unseren damals größten Kunden aufs Spiel zu setzen. Hatten wir doch einmal knapp 30 % unseres Umsatzes verloren, nachdem ich den für die Werbung verantwortlichen Vorstand bei der Deutschen Bank beleidigt hatte. Also versicherte ich dem Menschen, daß die Amerikaner bereits auf Toilettenpapier Werbebotschaften drucken. Dies schien ihm eine wichtige Aussage zu sein. Ich mußte ihn allerdings darauf aufmerksam machen, daß der Slogan der Commerzbank „Die Bank an Ihrer Seite“ kaum auf Toilettenpapier gedruckt werden könne. Dies schien ihm einzuleuchten, und wir konnten anschließend ein einigermaßen erträgliches Gespräch führen. Etwas später verschwand dieser Vorstand sang- und klanglos in der Versenkung, als jemand an der Spitze die Kordel zog.

Ein anderes Kirchenlicht war Vorstandsvorsitzender bei einer Landesbank im hohen Norden. Wir präsentierten eine Kampagne für wohlhabende Kunden. Was diese Bank der Zielgruppe zu offerieren hatte, war mir ein Rätsel, aber es war nicht unsere Aufgabe, den Werbeclaim nachzuvollziehen.

Der Vorsitzende studierte die Unterlagen und meinte plötzlich: „Sie haben aber eine inkompetente Mediaabteilung.“ Ich hatte keine Ahnung, auf was er abzielte, bis er meinte: „Die haben offensichtlich noch nie etwas vom Sommerloch gehört.“ Wir hatten vorgeschlagen, Anzeigen in den Sommermonaten zu buchen. Attacke war gefragt. Ich meinte: „Der Dollar wird in Kürze DM 2,20 erreichen.“ Er schaute mich verwirrt an, und ich fügte hinzu: „Jeder ist auf seinem Gebiet der beste Experte.“ Ich fragte ihn, wo er seinen Urlaub verbringen werde: Am Meer. Ich fragte weiter, was er vor dem Frühstück unternehme. Er bestätigte, daß er jeden Morgen die Zeitung holte und sie eingehend las, viel intensiver als am Arbeitsplatz. Jetzt konnte ich ihn schlachten. Ich fragte höflich, ob er im Urlaub nicht mehr Zeit hätte, über sein Vermögen nachzudenken als im Berufsleben. Langsam ging ihm ein Licht auf, und das Thema Sommerloch war begraben.

Es ist immer wieder überraschend, wie Spitzenleute Unfug nachplappern, den ihnen jemand vorgekaut hat: „Sommerloch"; „Soviel Text liest niemand"; „Wir wollen den AHA-Effekt"; „Die Anzeige muß im Wirtschaftsteil auf einer rechten Seite stehen" und vieles andere mehr.

Ein anderer Top-Manager, mit dem wir sehr gern zusammengearbeitet haben, ist Horst Urban, den wir als Vorstandsvorsitzenden von Continental während der Pirelli-Übernahmeversuche beraten durften. Sein PR-Chef, Dr. von Herz, war souverän genug, einen Außenstehenden als Berater nicht nur zu tolerieren, sondern auch zu unterstützen. Urban, ganz im Gegensatz zu dem oberflächlichen Urteil in dem Buch „Nieten in Nadelstreifen", war ein hervorragender Spitzenmann. Die Reifenbranche war am Boden zerstört, und seine Vorgänger hatten Hunderte von Millionen in nicht realisierbare Projekte gesteckt.

Urban machte aus dem Wenigen, das noch vorhanden war, eine Strategie, die er in Roadshows den institutionellen Anlegern glaubwürdig verkaufte. Sicherlich, er war ab und zu etwas bockig, aber er lebte Tag und Nacht nur für das Unternehmen. Einige seiner Aufsichtsräte waren wenig solidarisch und quatschten laufend mit der Presse zur Eigenprofilierung, ohne viel Rücksicht auf die Interessen des Unternehmens, das Urban zum Erfolg führen wollte. Pirelli war damals im Prinzip finanziell beinahe am Ende, und einer der wenigen, die wußten, daß die Italiener und ihre Verbündeten nur heiße Luft anzubieten hatten, war Urban. Aber er war ein Einzelkämpfer, während einige Aufsichtsräte global Poker spielten, ohne die Regeln zu kennen.

Es lohnt sich nie, mit Journalisten zu streiten; sie sind im Zweifelsfall immer stärker.

Sein Abgang war kein Kompetenzbeweis für den Aufsichtsrat. Conti war vor Urban ein im Umbruch befindliches Unternehmen, und trotz seiner Fehlentscheidungen – z. B. dem zu teuren Kauf von General Tire – hat er die Basis für den späteren Erfolg gelegt. In seinem Umgang mit der Presse war er pfeiferauchend solide und überzeugend. Daß er sich mit dem „manager magazin“ in einem überflüssigen Beschwerdebrief angelegt hat – trotz anderer Beratung –, war schade, denn diese Zeitschrift hat ihn seit dieser Zeit immer wieder kritisiert, auch bei seiner schwierigen Tätigkeit für die Treuhand. Man lerne: Es lohnt sich nie, mit Journalisten zu streiten, sie sind im Zweifelsfalle immer stärker.

Die Liste von dynamischen Kunden, mit denen ich gern zusammenarbeitete, wäre unvollständig ohne Dr. Linss, Vorstandsvorsitzender der Bayerischen Landesbank in den achtziger Jahren. Ein intellektueller, humorvoller Mensch, der die Machtspiele der Publizistik nicht nur selber gut beherrschte, sondern seinen Kollegen darin meist weit voraus war.

International gesehen sind die deutschen Banker von der Solidität und der Kompetenz her mit an der Weltspitze. Was ihnen fehlt, sind Marketing-Know-how, kundenorientiertes Denken und der Mut zu Innovationen. Ausnahmen – wie zum Beispiel Schneider von der Postbank und Martini von der Bayern-Hypo – bestätigen die Regel. Seit ein paar Jahren zählt auch Kohlhaussen zu dieser kleinen Gruppe.

X

GRÜNDLICHKEIT UND STRENGE SITTEN

Was waren es doch für schöne Zeiten, als unsere Beratung noch als Expertenmeinung galt. Unsere Aufgabe war, für die Deutsche Bank die erste Pressekonferenz im Ausland zu organisieren, in London. Spitzenmann war Ulrich, an seiner Seite Dr. Guth, und der zuständige Pressechef war Weber. Alle drei waren kompetent und auf ihren jeweiligen Gebieten absolute Koryphäen.

Weber war akribisch genau. Er wollte alles genau wissen. Meine Kollegen aus London konnten es nicht fassen, als Weber sich erkundigte, wie breit die Tür sei, durch die die Journalisten kommen würden. Niemand hatte eine Antwort. Er präzisierte und wollte wissen, ob die Journalisten einzeln oder zu zweit durch die Tür kämen – wegen der Begrüßung. Er wollte wissen, wo die Journalisten ihre Cocktailgläser abstellen könnten. Die Engländer wußten keine Antwort. Er wollte jedoch vermeiden, daß die Gläser, wie oft üblich, auf der Heizung oder auf dem Boden abgestellt werden. Ich fand diese Präzision beeindruckend, meine englischen Kollegen waren eher genervt.

Dann kam das Thema, ob die Pressekonferenz auch mit deutschen Journalisten oder nur mit den englischen stattfinden sollte. Meine Partner waren unnachgiebig, sie wollten keine deutschen Journalisten einladen – mit dem Argument, diese seien bestens informiert, würden zu viele Fragen stellen und die englischen Kollegen an die Wand spielen. Die Deutsche Bank entschied, entgegen unserer Empfehlung, gleichzeitig auch die deutschen Journalisten einzuladen.

Das Thema Mittagessen wurde heiß diskutiert. Wir empfahlen, mehrere Tische zu organisieren, an denen je ein Vorstand sitzen sollte. Dies wurde heftig in Frage gestellt, denn wir wußten nicht, daß damals nur einer, nämlich Ulrich, mit der Presse sprach oder höchstens noch Guth. Es wurde signalisiert, daß die anderen Vorstände nicht mit der Presse sprechen sollten. Wir versicherten der Bank, es sei eine rein soziale Geste, und die einzelnen Vorstände könnten ruhig über generelle Themen wie die deutsche Volkswirtschaft reden. Schlußendlich wurde unser Vorschlag akzeptiert. Hätten wir damals gewußt, daß heute beinahe sämtliche Vorstände der Deutschen Bank offenbar zu hüten sind wie ein Sack Flöhe und drunter und drüber mit der Presse sprechen, hätten wir niemals diese Empfehlung abgegeben. Zum Glück für die Deutsche Bank ist es in letzter Zeit etwas ruhiger geworden.

Die Pressekonferenz war ein großer Erfolg. Allerdings mußten wir – zum enormen Erstaunen von Weber – eingreifen, denn wie erwartet stellten die deutschen Journalisten immer mehr Fragen, während die Engländer sich nach dem Mittagessen sehnten. Mein Partner schob Ulrich einen Zettel zu mit dem Hinweis „Abbrechen, Mittagessen“. Ulrich las die Notiz und brach prompt die Pressekonferenz ab. Weber war ob dieser Dreistigkeit sprachlos. Später folgten die Börseneinführung in London, die Eröffnung der Filiale und viele andere Aktivitäten. Heute erklärt mir ein junger Deutschbanker, wie man eine Pressekonferenz in London organisiert. Ich höre mit großem Interesse zu und merke, daß einige immer noch nichts dazugelernt haben.

Heute erklärt mir ein junger Deutschbanker, wie man eine Pressekonferenz in London organisiert, und ich merke, daß einige immer noch nichts dazugelernt haben.

Lustig war das Erlebnis mit Guthardt und der DG Bank in New York. Wir waren für den Empfang bei der Filialeröffnung zuständig und hatten auch den Filialleiter durch Headhunting gefunden. Alles lief nach Plan, nur die Catering-Gesellschaft, die wir ausgewählt hatten, war voll ausgelastet, und wir mußten auf eine uns unbekannte, aber empfohlene Gesellschaft ausweichen. Die DG Bank war mit allem zufrieden, allerdings erwähnte Guthardt später, viel später, daß die Hostessen anschließend dem Vorstand auch noch ihre Dienste für die Nacht anboten. Das Gerücht kam in Umlauf, daß meine Firma tatsächlich für alles sorgt!

Den Vorstand der Bayerischen Landesbank brachten meine Partner in London nach dem Empfang in ein zweitrangiges Nachtlokal. Dr. Linss meinte lakonisch, er hätte in seinem Leben schon hübschere Frauen gesehen. Ich hätte in den Boden versinken mögen. Aber London ist London und New York ist New York.

Bei der ersten Veranstaltung für die Metallgesellschaft in New York fragte unser Partner den eher zurückhaltenden Vorsitzenden, ob er für die Nacht eine Brünette oder eine Blonde vorziehe. Er antwortete schlagfertig: „Ich kümmere mich selbst um meine Begleitung."

Böse Zungen würden behaupten, so sei das eben mit einer Full-Service-Agentur; wir hatten in Frankfurt jedoch keine Ahnung von diesem „added value".

Heute herrschen andere Sitten, darf doch der stellvertretende Gouverneur der Bank of England nicht einmal eine feurige irischstämmige Amerikanerin in seinem Büro verführen (oder sich von ihr verführen lassen). Die Financial Times bedauerte den Rücktritt des Spitzenbankers mit der sarkastischen Bemerkung, er sei doch wohl nicht für seine sexuelle Moral eingestellt worden, sondern für den Erhalt der Solidität des Pfundes. Wenn nur noch mehr Medien diese Einstellung propagierten, dann dürften auch Politiker und andere Vorbilder der Gesellschaft wieder Seitensprünge machen – zur großen Freude der Schauspieler und Werbeleute, die sich dann wieder in bester Gesellschaft fänden.

Aber so weit sind wir noch nicht. Nur die ganz Reichen dürfen mehrere Frauen halten: Könige, Entrepreneurs wie Jimmy Goldsmith oder Staatspräsidenten mit Charisma wie damals John F. Kennedy. Aber wo kommen wir denn hin, wenn ein stinknormaler Banker sich eine Mätresse hält? Wir sind doch hier nicht in Frankreich, wo selbst der frühere Staatspräsident ein uneheliches Kind haben darf.

Wie sagte doch der große Philosoph, dessen Namen ich vergessen habe:

„Zeig mir einen treuen Ehegatten, und ich zeig dir einen nicht besonders erfolgreichen Langweiler!" Nach den letzten Untersuchungen in Amerika in Verbindung mit der Genforschung scheint viel Wahres an der Behauptung zu sein, daß wie im Tierreich bei einigen Spezies die erfolgreichen, aggressiven Männchen die schönsten und jüngsten Weibchen für sich in Anspruch nehmen. Ob Aristoteles Onassis, Donald Trump, Paul Getty, Hugh Hefner und viele andere wohl auch zu dieser Spezies gehören? Früher war es unter vielen Völkern so, daß der König oder Fürst Dutzende von Frauen haben konnte – den berüchtigten Harem –, der Wesir vielleicht nur ein Dutzend und schlußendlich der Hofnarr nur zwei. Heute kriegt der Hofnarr ein Dutzend – man denke an Fernsehgrößen –, während man dem Thronfolger nur eine einzige gönnt. Armer Prinz Charles; da hatte es sein Vater schon viel leichter, die Presse war damals, als er vor der Küste Griechenlands segelte, viel diskreter.

XI

STAATSFINANZEN
ODER DIE WEGE ZUM REICHTUM

Solange ich mich erinnere, auch schon als Kind, hatte man mir immer versichert, daß Italien pleite sei. Doch jedesmal, wenn ich das Land besuchte, stellte ich fest, daß gerade die Italiener im Norden, aber auch in Rom und selbst weiter südlich immer besser lebten. Die Büros von leitenden Angestellten und Spitzenmanagern wurden stets opulenter; schöne antike Möbel, feine Pflanzen und teure Bilder waren immer mehr eine Selbstverständlichkeit. Elegante Kleidung, gutes Essen und ständig größere Autos. Der Fiat Topolino oder der Cinquecento wurden zur Seltenheit. Urlaub an der Côte d'Azur, in der teuren Schweiz, aber vor allem auch im eigenen Land an den schönen Stränden ist Routine geworden.

Wie kann es sein, daß eine Nation pleite geht und die Gesellschaft derer, die etwas leisten, immer besser lebt? In Schweden beobachtete ich das Gegenteil. Das schwedische Modell wurde immer höher gelobt, und das Volk lebte immer schlechter, obwohl noch mehr als früher gearbeitet wurde. Heute ist Schweden tatsächlich pleite, die Arbeitslosenquote enorm hoch, die Immobilienpreise am Boden und die Schwedenkrone, einst eine starke Währung, unter den schwächsten in Europa. Sicherlich, die Lira ist auch schwach, aber das war sie schon immer. Oder haben wir vergessen, daß wir bereits bei Italienreisen in den 50er Jahren in Hunderttausenden von Lire gerechnet haben?

Kann es sein, daß die Leistungsträger unter den Italienern beim Bezahlen der Steuern etwas flexibler sind und somit der Staat weniger Steuereinnahmen hat, dafür aber die wohlhabenden Bürger Staatspapiere kaufen, Zinsen kassieren und somit noch wohlhabender werden, während der Staat mit Steuergeld an der kurzen Leine gehalten wird?

Grundsätzlich gilt: Jeder Staat hat nur drei Möglichkeiten, sich zu finanzieren. Erstens über Steuereinnahmen. Das ist der Weg des geringsten Widerstands, wenigstens bislang auch in Deutschland, aber es ist der gefährlichste Weg. Denn Politiker jeder Couleur können nicht mit Geld umgehen, und der Teufelskreis ist: besteuern, besteuern, besteuern – ausgeben, ausgeben, ausgeben.

Zweitens: Der Staat kann sich über die Ausgabe von Staatspapieren finanzieren. Dafür muß er Zinsen bezahlen, die meistens in die Tasche derjenigen fließen, die sparen und Vermögen bilden. Dies ist der disziplinierteste und beste Weg, denn die Politiker lernen dabei, daß Geld nicht auf den Bäumen wächst, sondern daß es verdient werden muß und daß, wenn man welches borgt, Zinsen gezahlt werden müssen. Das amerikanische Budgetdefizit ist nach Abzug der Zinszahlungen mehr oder weniger ausgeglichen. Dies ist für eine Volkswirtschaft langfristig viel gesünder, als laufend die Steuern zu erhöhen. Denn dabei wird vorrangig die Leistung bestraft, und es sind die ersten Anzeichen des Zerfalls der Steuermoral, wenn Schauspieler, Tennisspieler und andere Spitzenverdiener wegziehen oder über Liechtenstein, Luxemburg und die Schweiz ihr Geld abziehen. Einige trauen bereits Luxemburg nicht mehr, seit es in der EU ist. Geld von den ganz Schlauen fließt inzwischen nach Guernsey und auf die Cayman Islands.

Drittens: Der dümmste Weg der Staatsfinanzierung ist, wenn man die Druckpressen ankurbelt und die Geldmenge rapide vergrößert wird. Natürlich verlangt eine expandierende Volkswirtschaft die stufenweise Erhöhung der Geldmenge, aber ein rapider Anstieg bringt große inflationäre Kräfte und zerstört den Wert der Währung.

In Deutschland kann man seit einigen Jahren eine ähnliche Entwicklung wie in Schweden feststellen. Die Steuern werden immer höher, die Bürger hinterziehen immer mehr – oder sie reagieren immer normaler auf eine konfiskatorische Besteuerung –, und ein immer größerer Anteil der Volkswirtschaft geht in den Schatten. Man schätzt in Italien, daß die Schattenwirtschaft etwa 20 bis 30% des Bruttosozialprodukts ausmacht; also stimmen alle veröffentlichten Zahlen überhaupt nicht. In Deutschland dürfte der Anteil der Schattenwirtschaft sich inzwischen so langsam gegen 15 bis 20% bewegen. Im Baugewerbe, bei Gaststättenbetrieben ist er sicherlich schon viel höher. Aber auch immer mehr anständige Handwerksbetriebe rechnen mehrwertsteuerfrei ab, und wie viele Rentner ohne Abführung der Lohnsteuer etwas zusätzliches Geld verdienen, bleibe dahingestellt. Die Politiker beklagen sich über diese Entwicklungen und vergessen, daß sie die Hauptverantwortung trifft.

Hat man vergessen, daß in der steuerlichen Hochphase in England, als die Bestverdienenden abwanderten, das Wort „Brain Drain" geprägt wurde? Hat man nicht mitgekriegt, daß die

Wenn Millionen Bürger ihr Geld im Ausland anlegen, um den Fiskus zu umgehen, dann ist etwas faul im Staate Deutschland.

reichen Schweden ihr Geld z. B. über Liechtenstein abgezogen haben? War es ein reiner Zufall, daß ein Schwede, Christian Norgren, Präsident der führenden fürstlichen Bank in Liechtenstein wurde? Und heute ist es selbstverständlich, daß nach der Periode der Tafelgeschäfte die deutschen Banken die größten Steuerzahler in Luxemburg geworden sind. Hunderte von Milliarden D-Mark sind von soliden, rechtschaffenen deutschen Bürgern dorthin abgewandert. Bonn tut so, als handele es sich hier um Steuerbetrüger. Aber wenn Millionen von Bürgern ihr

Geld in Luxemburg, Österreich, Liechtenstein und der Schweiz anlegen, um den Fiskus zu umgehen, dann ist etwas faul im Staate Deutschland, und die Betrüger sind wahrscheinlich nicht mehr die steuerzahlenden Bürger, die etwas leisten, sondern die verschwenderischen Politiker, die die Zeichen der Zeit nicht erkennen wollen.

Was hilft es, wenn die Banken, die von flächendeckenden Fahndungen heimgesucht werden, die Steuerfahnder beschimpfen, die nur ihre Pflicht nach Recht und Gesetz tun? Die Verantwortlichen sitzen in Bonn, und an deren Spitze der Bundeskanzler und sein Finanzminister. Letzterer spricht immer über Stabilität und einen ausgeglichenen Haushalt. Wann wird er konkret über einschneidende Sparmaßnahmen sprechen? Wann ist er endlich bereit, das komplizierte Steuersystem zu vereinfachen? Ein mittelständischer Unternehmer kommt nicht einmal mit den neuen Spesenverordnungen klar, die nur Zeit und Geld kosten und zusätzlich das Gastgewerbe zerstören.

Die Erbnachfolge, die Besteuerung von Anteilen, die nicht verkauft werden bei Wegzug ins Ausland, und viele andere Verordnungen sorgen lediglich dafür, Steuerberater zu beschäftigen und viel Zeit und Aufwand in unproduktive Leistung zu lenken. Oder hat sich der Staat nie die Mühe gemacht zu überlegen, was es ein Unternehmen kostet, allein die unwichtigen Spesen mit dem ganzen Papierkram zu erfassen? Hätten sich die Leistungsvernichter durchgesetzt, dann müßten wir noch die Trinkgelder an Kellner ausweisen. Dann hätten wir bald in

Deutschland keine guten Kellner mehr; denn wer will schon für einen solchen Hungerlohn arbeiten, wenn es kein Trinkgeld gibt?

Aber all diese Folgen werden nicht bedacht. Man schwafelt von Solidarität. Wieso haben die Ostdeutschen kein zinsfreies Darlehen gekriegt wie nach dem Krieg die Westdeutschen? Sie haben die Freiheit gewonnen und können sich entfalten, und ihr Fleiß wird diesen Teil Deutschlands in eine effiziente Volkswirtschaft verwandeln. Die Schenkung von Geld trägt höchstens zur Korruption bei, und Geschenke werden meistens nicht geschätzt. Ich sehe nicht ein, wieso ich mit meiner Leistung die Deutschen im Osten unterstützen soll. Darlehen ja, Schenkung nein. Uns im Westen wird und wurde auch nichts geschenkt. Alles mußte in teilweise harter Arbeit verdient werden. Wenn man an die Aufbauphase nach dem Krieg denkt, den Einsatz, die Effizienz und die Energie, dann bin ich fest davon überzeugt, daß die Deutschen im Osten auch ohne Geldgeschenke genau dieselben Fähigkeiten an den Tag gelegt hätten.

Das Argument, es sei eine politische Notwendigkeit gewesen, zählt nicht, denn ohne die gnadenlose Aufrüstung von Reagan wäre die Mauer gar nicht eingestürzt. Zusätzlich gilt: Kein zentralistisch geführtes Regime kann langfristig überleben, und die russische Volkswirtschaft war schon vor vielen Jahren pleite, es wurde nur kaschiert. Auch durch die enormen Kredite und die günstigen Exportkonditionen einiger westlicher Länder, vor allem Deutschlands.

Die Kredite und Geldgeschenke an Ostdeutschland vor dem Sturz der Mauer haben die Agonie des Volkes nur verlängert. Eine härtere Gangart hätte dieses brutale und marode Regime viel früher zu Fall gebracht. Aber wie wir ja inzwischen scheibchenweise erfahren, waren einige in politischen Spitzenpositionen an der Annäherung an diesen korrupten Staat interessiert und an seinem Überleben, und sie ließen sich dafür sogar bezahlen.

Aus Sicht des Auslandes ist es kein Zufall, daß das deutsche Volk einerseits ein Modellstaat der Demokratie wurde, andererseits der effizienteste kommunistische Staat. Disziplin, Fleiß und Konsequenz waren schon immer Tugenden der Deutschen, im positiven wie im negativen Sinne.

XII

WIE UNSERE GESETZGEBUNG LEISTUNG BELOHNT

Schon als kleiner Junge war ich nicht besonders begeistert, daß mein erfolgreicher Vater alle Lorbeeren einheimste, während meine Mutter, die zu Hause vier Kinder, quasi allein, aufzog, kaum gelobt wurde. Ihre Arbeit, ohne Waschmaschine, ohne Geschirrspüler, ohne Staubsauger, ohne andere elektrische Geräte, war für ihre Umgebung selbstverständlich. Und wenn der aufsteigende Ehemann sich entschieden hätte, eine andere Frau zu nehmen, hätte die erste Gattin vor dem Ruin gestanden. Dies war bei uns glücklicherweise nicht der Fall, aber ich kannte genug Familien, wo die verlassene Frau miserabel behandelt wurde. Ein Glück, daß die Scheidungsgesetze geändert wurden. Aber leider ging der Gesetzgeber auch hier – wie bei vielen anderen Regelungen – viel zu weit, und so ist es nicht verwunderlich, daß immer mehr Männer die neuen Regelungen umgehen.

Wie unromantisch ist es geworden, wenn Neuvermählte Eheverträge abschließen, um der einseitigen Gesetzesregelung zu entgehen. Auch sollte man frühzeitig an Schenkungen für die

Kinder denken, um letztendlich die Erbschaftsteuer zu vermeiden. Und wenn man ein Unternehmen hat, muß man sich vorsehen, daß die Firma beim Tod des Gründers nicht pleite geht. Was ist dies für ein Staat, der all diese Probleme ignoriert und immer wieder neue Gesetze verabschiedet, die alles nur noch komplizierter machen?

Man redet dauernd von der Gleichberechtigung der Frau, aber der Staat hat noch nie versucht, eine Lösung zu finden, damit der Unternehmer den Frauen denselben Lohn wie den Männern bezahlen kann. Wenn man die geringen Profite sieht, die schonungslose Konkurrenz und die konfiskatorische Besteuerung, dann soll, bitte schön, ein Politiker erklären, wie man die Gleichberechtigung ermöglichen soll.

Dabei wäre eine politische Lösung ganz einfach. Aber wer will schon einfache Lösungen, wenn es kompliziert geht?

Alle Unternehmen zahlen ab sofort den Frauen denselben Lohn für dieselbe Arbeit wie den Männern. Dafür kriegen sie vom Staat einen entsprechenden Steuerkredit. Die Frauen, die jetzt mehr verdienen, zahlen mehr Steuern und konsumieren mehr, wobei der Staat zusätzliche Mehrwertsteuer kassiert. Die Volkswirtschaft expandiert, und der Staat hätte mittelfristig mehr Steuereinnahmen als vorher.

Hier wäre eine ideale Möglichkeit, die Leistung der Frauen zu belohnen. Aber die Politiker, mit wenigen Ausnahmen, sind offenbar der Auffassung, daß Leistung bestraft werden müsse.

Wenn ich aus irgendeinem Grund alleinstehend bin und die Arbeit zu meiner Lebensaufgabe mache, werde ich mit höheren Steuern bestraft als der Verheiratete. Und wenn ich als Verheirateter keine Kinder habe, weil vielleicht ein Partner unfruchtbar ist, werde ich steuerlich bestraft und muß Steuern zahlen für ein Ehepaar, das Kinder hat.

Genauso hirnverbrannt ist die Regelung, daß eine Witwe, wenn sie einen Halbtagsjob annimmt, um einer sinnvollen Beschäftigung nachzugehen, weniger in der Tasche hat, als wenn sie nur ihre Rente bezöge. Dabei wäre gerade das Dienstleistungsgewerbe über solche Halbtagskräfte glücklich.

Wenn ich alleinstehend bin und die Arbeit zu meiner Lebensaufgabe mache, werde ich mit höheren Steuern bestraft.

Dafür haben wir in Deutschland das hervorragende Ladenschlußgesetz. Es erleichtert das Einkaufen ungeheuer, gerade für die Berufstätigen. Alle Familien sind gezwungen, am Samstag zu gehen, wenn sie gemeinsam einkaufen wollen. Die Geschäfte sind überfüllt, das Personal hat keine Zeit, aber dafür steht es am Montag kaum beschäftigt herum und langweilt sich. Aber die Gewerkschaften haben überzeugende Argumente. Der Konsumkuchen werde nicht größer, und die armen Mitarbeiter wären gezwungen, unzumutbare Arbeitszeiten einzuhalten. Wie die Taxifahrer, die Zugbegleiter, die

Krankenschwestern, die Kellner, die Piloten, die Stewardessen und alle anderen Berufe, die sich lebenslang diese Zumutung bieten lassen müssen.

Daß Einkaufen zu zweit oder mit der ganzen Familie Spaß macht, können sich engstirnige Gewerkschaftsbosse und ihre politischen Gefolgsleute nicht vorstellen. Ihre Argumente sind aus dem vorigen Jahrhundert. Zusätzlich: Hat einmal jemand darüber nachgedacht, was flexible Ladenöffnungszeiten zur Beruhigung des Verkehrs beitragen könnten? Man denke nur an den Parkplatzmangel am langen Donnerstag oder an einem Samstag. Kein Wunder, daß im Dienstleistungsgewerbe, im Bereich des Einzelhandels kaum neue Jobs geschaffen werden. Man hört natürlich auch das Jammern der großen Kaufhausbesitzer, die teilweise gar nicht gemerkt haben, daß sich die Einkaufsgewohnheiten der Menschen verändert haben. Man braucht nur nach Amerika oder nach Frankreich zu schauen, um zu verstehen, wie willkommen flexible Ladenöffnungszeiten sind.

Dieselben Kräfte sind offensichtlich auch gegen das Einkaufen über das Fernsehen, das „Teleshopping“. Aber die Satellitentechnik wird es trotzdem möglich machen. Und ein „lebender“ Katalog ist einem gedruckten Exemplar jederzeit vorzuziehen.

Solche Innovation ist auf dem Vormarsch, und früher oder später wird auch in Deutschland akzeptiert werden, daß der Wunsch des Kunden Vorrang hat. Aber die rechtlichen Hindernisse sind zum Teil noch ungeheuerlich. Erst mit der Drohung, ein Abwicklungszentrum nach Holland zu verlagern, war es einer Bank möglich, die Genehmigung für eine Verlängerung des Telefondienstes über die übliche Arbeitszeit hinaus zu erhalten. Menschen, die bereit sind, nicht nur von neun bis fünf Uhr zu arbeiten, gibt es mehr als genug.

In diesem Zusammenhang war es für mich immer unverständlich, wieso beinahe alle Unternehmen, Schulen und Geschäfte zur selben Zeit anfangen. Selbst Privatschulen beginnen um neun Uhr, ohne Rücksicht auf den Verkehr, den unweigerlichen Stau. Es gibt überhaupt keinen Grund dafür, daß in einem Unternehmen alle Abteilungen zur selben Zeit anfangen zu arbeiten! Gleitende Arbeitszeit ist ein Schritt in die richtige Richtung. Aber es sollte auch jedem Einzelhändler erlaubt sein, zu öffnen und zu schließen, wann immer er sich die besten Geschäfte verspricht.

Man braucht nur nach Amerika oder Frankreich zu schauen, um zu verstehen, wie wichtig flexible Ladenöffnungszeiten sind.

Wenn man die Shopping Malls in Amerika besucht, versteht man, daß Einkaufen nicht nur Spaß machen, sondern sogar zum Abenteuer werden kann. Auch die Autoeinkaufszentren werden immer erfolgreicher, bei denen man auf einer großen Fläche die verschiedenen Modelle der wichtigsten Hersteller vergleichen kann. Man kann in ein paar Stunden mehrere Modelle prüfen, Ausstattung, Preis, Komfort, Aussehen, alles was dazugehört. Hierzulande muß man von einem Händler zum anderen, braucht einen enormen Zeitaufwand, und da man meistens nur an einem Samstag Zeit hat, ist das höchst unbequem.

Natürlich werden sich die meisten Händler gegen eine solch kundenfreundliche Lösung wehren, mit allen möglichen Argumenten. Aber es funktioniert doch auch in Kaufhäusern, wo man beispielsweise verschiedene Bekleidungs- und Schuhhersteller vergleichen kann. Ich denke dabei immer an angenehme Einkaufserlebnisse wie im Kaufhaus Printemps in Paris, wo ich auf der Suche nach einem Regenmantel eine große Anzahl von Herstellern vorfand. So kann stets der Beste und Preisgünstigste gewinnen, wobei der unterschiedliche Geschmack der Menschen dafür sorgt, daß kein Monopol entsteht.

Es ist immer wieder überraschend, wie vielen Berufstätigen nicht bewußt ist, daß der Kunde das Wichtigste ist. Ganze Nationen haben ihre Touristen verloren, weil sie immer unverschämter und teurer wurden. Zwei Erlebnisse aus dem Gastgewerbe werde ich nie vergessen. Das eine ereignete sich in Düsseldorf, in einem gutbürgerlichen Restaurant. Ich hatte das Mittagsmenü bestellt und war gerade mit der Suppe fertig geworden, als ich beobachtete, wie ein seriöser älterer Herr von Tisch zu Tisch ging. Er kam auch zu mir, und es war ihm sichtlich peinlich, mir mitzuteilen, daß die Hauptspeise ausfallen müsse, da gerade der Koch wütend seinen Arbeitsplatz verlassen habe. Von Pflichtgefühl keine Spur! Der Besitzer beklagte sich über die Unverschämtheit des Personals in der heutigen Zeit. In solchen Berufen spielen leider auch Zeugnisse keine Rolle, denn Gäste gibt es mehr als genug, leider nur zuwenig gute Köche. Die meisten Gastwirte können davon ein Lied singen.

Aber welcher junge Deutsche will schon Koch werden? Dann geht er schon lieber in die Werbebranche, wo man bekanntlich viel Geld verdient, keinen Streß hat und von schönen Frauen umgeben ist. Von wegen kein Streß! Ab und zu denke ich an die schöne Zeit, als ich in New York in der Küche aushalf und den Chefkoch bei seiner Kunst bewunderte.

Das zweite Erlebnis war in der Schweiz, am Zürichsee, in einem teuren Renommierlokal. Wir bestellten unser Essen und wählten als Hauptspeise Fisch. Wir wollten dazu Reis. Der Oberkellner belehrte uns unfreundlich, daß Fisch nur mit Salzkartoffeln serviert werde. Wir bestanden allerdings auf Reis, worauf der dienstbare Geist konterte, wahrscheinlich gebe es keinen Reis in der Küche. Ich fauchte, daß ich Reis bei meiner Schwester holen könnte, wenn er nicht einlenkte. Beleidigt verließ er unseren Tisch, und später wurde uns der Fisch mit Reis serviert. Ich habe gehört, daß es diesem Restaurant nicht mehr sehr gut geht; meine Schadenfreude ist entsprechend.

Es ist genauso unzumutbar, wenn man mittags um Viertel vor Zwei in ein Restaurant kommt und der Kellner süffisant darauf aufmerksam macht, daß in fünfzehn Minuten die Küche schließt. Dies ist mir in meinem ganzen Leben nur in der deutschen Schweiz und in Deutschland passiert. Inzwischen, nachdem die Touristen der Schweiz wegen des teuren Franken zunehmend den Rücken kehren, ist es bedeutend besser geworden. Man kann heute sogar ein Hotelzimmer von Donnerstag bis Montag während der Ferienzeit haben. Früher war man gezwungen, von Samstag bis zum nächsten Samstag zu buchen, was natürlich zum Reisestau beitrug. Aber eine Rezession oder zusätzliche Konkurrenz wirken oft Wunder.

Dies gilt für alle Branchen. Nur bei den Politikern scheinen auch schlechte Zeiten wenig Veränderung zu bringen. Aber nur, weil der sogenannte Mittelstand überwiegend nicht zur Wahl geht, sondern anscheinend immer nur meckert. Was passieren kann, wenn der Mittelstand, der arbeitende Bürger, zahlreich zur Wahl geht, sehen wir in den USA, wo nach vierzig Jahren beinahe der gesamte Kongreß ausgewechselt wurde. Wäre es nicht wünschenswert, dasselbe geschähe in Deutschland, damit diese kleinen Splitterparteien, die Grünen und die FDP, ihre unberechtigte Macht nicht länger ausüben können?

Was fehlt, ist eine Leistungspartei, die Bürger in allen Berufen, wo Leistung erbracht wird, honoriert. Ob Dachdecker, Lastwagenfahrer, Polizisten, Krankenschwestern, Unternehmer, Vorstände oder leitende Angestellte – alle, die arbeiten wollen und können, müßten dann nicht mehr durch eine progressive Steuer bestraft werden. Ob alleinstehend, verheiratet, mit Kindern oder ohne, alle würden denselben Steuersatz bezahlen. Aber nicht als Einkommensteuer, sondern als Umsatzsteuer.

Dies würde bedeuten, daß derjenige, der am meisten konsumiert, auch am meisten bezahlt. Die Mehrwertsteuer könnte zum Beispiel auf 25 % erhöht werden. Wer einen Porsche fährt, der 140.000 DM kostet, würde 35.000 DM Steuern hinblättern, während derjenige, der einen einfachen Golf fährt, nur 7.000 Mark bezahlen müßte. Alle, die ein Minimum an Einkommen von z. B. 2.000 DM monatlich haben, könnten eine Umsatzsteuer-Kreditkarte erhalten, die sie von diesen zusätzlichen Lebensunterhaltungskosten befreit. Wer konsumiert, bezahlt. Wer spart und Vermögen bildet, geht steuerfrei aus. So könnten die Bürger endlich wieder für ihre eigene Zukunft sorgen, anstatt sich auf die langfristig unsichere staatliche Rente verlassen zu müssen. Natürlich sind das keine neuen Gedanken. Selbst bei den Grünen sind Stimmen für eine konsumorientierte Steuer laut geworden, und in den USA wird diese Diskussion ernsthaft von Spitzenpolitikern geführt. Weg mit dem ganzen Steuergewirr, den Wahlgeschenken und dem leistungsfeindlichen System, das zu ähnlichen Verhältnissen in Deutschland wie in Schweden führt.

Das ganze Steuersystem in Deutschland stinkt zum Himmel.

Ich habe diese Diskussion mit einem hochrangigen Finanzbeamten geführt. Er meinte, viele seiner Kollegen seien derselben Ansicht, aber Politiker reagierten immer nur auf politischen Druck und der gehe nur von den unterschiedlichen Interessengruppen aus. Der durchschnittliche Bürger hat leider keine Lobby, aber vielleicht benutzt er früher oder später einmal sein Wahlrecht, um diesem Steuerunfug ein Ende zu bereiten. Erfassung von Trinkgeldern! Steuern auf Zinsen von versteuertem Geld! Steuern auf bereits versteuertes Geld, das dem früheren Ehegatten zufließt! Steuern auf Geschenke an die Ehefrau, wenn sie eine bestimmte Höhe überschreiten!

Steuerwüsten sind immer von Steueroasen umgeben. An Deutschland grenzen Luxemburg, Liechtenstein, die Schweiz und auch Österreich.

Das ganze System in Deutschland stinkt zum Himmel! Große Firmen unterhalten Holding-Gesellschaften auf den Cayman Islands und den Antillen, die Geld zu Niedrigst-Zinsen aufnehmen und es der deutschen Mutter zu einem höheren Zinssatz weiterreichen. Der Gewinn bleibt im Ausland. Stiftungen werden steuerneutral im Ausland gegründet. Scheinfirmen stellen Leistungen in Rechnung, die nicht überprüfbar sind. Die Lächerlichkeit des gesamten Steuersystems wurde mir klar, als man mir Bauherrenmodelle anbot. Der Staat propagiert niedrige Mieten, politisch immer populär, um anschließend den Reichen, die Immobilien kaufen, ein Steuergeschenk zu machen. Zuerst nimmt er die Steuern aus der linken Tasche und steckt das Geld anschließend wieder in die rechte. Kein Wunder, daß in diesem Land so teuer gebaut wird, wenn der Besitzer seine Investitionen voll abschreiben kann. Daß Bauherrenmodelle durchweg überteuert waren, weiß inzwischen jeder.

Eine andere Idiotie wurde mir klar, als mich ein Steuerberater fragte, ob ich in meinem Einfamilienhaus keine Einliegerwohnung hätte. Ein Mitarbeiter versicherte mir, man bräuchte im Keller nur ein Bett und einen Kochherd, solange ein separater Eingang vorhanden sei, um steuerliche Vorteile geltend zu machen. Und daß beim Immobilienkauf, genau wie in der Schweiz, wo auch eine Grunderwerbsteuer erhoben wird, die offiziellen Preise meist unter dem Handelspreis liegen, ist ebenfalls bekannt. In einem Fall wurde ich sogar von einem Verkäufer als Dummkopf bezeichnet, als ich mich weigerte, diesen Unfug mitzumachen.

Steuerhinterziehung als „Kavaliersdelikt": das typische Zeichen, daß der Respekt vor dem Staat verlorengeht. Da hilft auch breitangelegte Steuerfahndung nichts. Die Lösung ist ein gerechtes, einfaches, für jeden verständliches Steuergesetz. Die sogenannte „Flat Tax" ist die beste Lösung. Denn die Reichen würden wieder mehr Steuern bezahlen, wie alle vorhandenen Untersuchungen dokumentieren.

Leistung muß wieder Spaß machen. Nur die Lust an der Leistung garantiert den langfristigen Erfolg einer Volkswirtschaft.

XIII

DAS DEUTSCHE GENUSS-PROBLEM UND DIE FREIE MARKTWIRTSCHAFT

Die Eßkultur der Deutschen gewinnt von Tag zu Tag. Man kann mit Fug und Recht behaupten, daß das Essen in Deutschland heute in den Spitzenrestaurants genauso gut ist wie in Frankreich, allerdings mit größeren Portionen.

Jedoch, die Antigenuß-Mafia versucht uns den Appetit zu verderben. Am Montag ist es die Schweinepest, und am Dienstag beherrscht der Rinderwahnsinn die Nachrichten. Am Mittwoch erfahre ich, daß die französischen und spanischen Hähnchen dreimal soviel Salmonellen haben wie die deutschen. Und am Donnerstag haben die Fische Würmer, während am Freitag die chinesischen Restaurants ertappt werden, daß sie Hundefleisch verarbeiten.

Ich verhalte mich antizyklisch. Am Dienstag kaufe ich Schweinefleisch; es ist viel billiger geworden. Am Mittwoch kaufe ich einen schönen Rinderbraten, und am Donnerstag gibt es ein frisches französisches Hähnchen. Schließlich koche ich am Freitag Fisch, und am Samstag gehe ich zum Chinesen, wo ich aufs höflichste bedient werde. Glücklicherweise gab es all diese Berichterstattung nicht, als ich ein Kind war. Das Fernsehen hätte mir wahrscheinlich den Appetit verdorben. Aber heute kann ich nur abschalten. Kein Wunder, wenn die Öffentlich-Rechtlichen immer weniger Zuschauer haben. Ich sehe lieber Sharon Stone auf Pro 7, als daß ich in der ARD am Samstag abend, Prime Time, erfahre, daß Straußenfleisch verseucht ist, weil die Tiere sich hier nicht wohl fühlen.

Natürlich gibt es kranke Rinder. Dies habe ich am eigenen Leib erfahren, als ich in Argentinien ein Filetsteak saignant bestellen wollte. Der Kellner blickte mich ganz entsetzt an, und mein argentinischer Begleiter klärte mich auf: Es gibt nur durchgebratene Steaks in Argentinien, weil die meisten Rinder

Es ist nur noch eine Frage der Zeit, bis man uns suggeriert, daß auch Salat Schmerz empfindet, wenn wir ihm die Blätter abreißen.

verseucht sind. Dieses Erlebnis hatte ich vor über 30 Jahren. Und daß Fische Würmer haben, war mir schon als Junge klar, als ich fischen ging und anschließend die Fische ausnahm. Aber hier in Deutschland tun die Medien so, als wäre dies alles neu. Es ist mehr als bedenklich, wenn junge Menschen die Freude am Essen verlieren und die Beschreibungen auf den Dosen studieren, als wäre das entscheidend für den Genuß.

Wenn man mir erklärt, daß ein Joghurt unter anderem aus Gelatine besteht, die aus Tierresten, Knochen und Haut, gemacht wird, so vergeht mir der Appetit. Aber genauso habe ich keine Lust auf Fleisch, wenn ich vorher in einem Schlachthof war. Oder soll ich leidenschaftlich lieben, wenn ich gleichzeitig an Aids denke?

Es ist nur eine Frage der Zeit, bis man uns suggeriert, daß auch Salate Schmerz empfinden, wenn wir ihnen die Blätter abreißen. Was sollen wir dann noch genießen? Die ganze Hetze führt dazu, daß immer mehr Menschen zu Vegetariern werden und die Kraft und Energie des Fleisches vermissen.

Autofahren und Fleisch essen, beides ist, wenn man den linken Medien vertraut und den Ökonazis zuhört, umweltfeindlich. Die Plakate des Frankfurter Verkehrsverbundes geben über das Autofahren Auskunft: „Früher, als Kind, habe ich mit Autos gespielt, heute benutze ich den FVV." Man bedenke, wie diese engstirnigen Ökofreaks reagieren würden auf den Slogan: „Früher, als ich kein Geld hatte, fuhr ich mit öffentlichen Verkehrsmitteln, heute, wo ich es mir leisten kann, fahre ich mit dem Auto."

Ebenso beängstigend ist, wie Politiker unkontrolliert Behauptungen aufstellen und ungestraft ganze Unternehmen mit Verleumdungen ruinieren können. Ich erinnere mich sehr wohl an die Hetzkampagne gegen Flüssigeier, die für Teigwaren benutzt werden. Sollen denn die Firmen Eier in Schalen transportieren? Zu welchen Kosten, zu welchem Zweck? Was ist so schlimm an einem flüssigen Ei? Ich esse gerne weichgekochte Eier, und die Salmonellenbrigade kann mir den Appetit nicht verderben. Aber man sollte darüber nachdenken, daß nicht der

**Alles was der Staat macht,
ist im Prinzip ineffizient und
selten wertneutral.**

Staat Firmen überprüfen sollte, sondern Privatunternehmen. Solche, die keine politischen Absichten verfolgen, um Headlines zu machen, sondern die einfach Tatsachen veröffentlichen. Im Finanzbereich ist dies auch möglich mit den sogenannten Rating-Agenturen. Wieso soll dies nicht bei Lebensmittelkontrollen möglich sein? Es wäre bedeutend billiger und effizienter; denn alles, was der Staat macht, ist im Prinzip ineffizient und selten wertneutral.

Es ist höchste Zeit, daß unfundierte Tests nicht ohne neutrale Prüfung auf den Markt getragen werden dürfen. Der angerichtete Schaden ist in den meisten Fällen nicht mehr gutzumachen. Es ist weltweit üblich, daß Regierungen Gutachten in Auftrag geben, die beweisen sollen, was man dem Bürger suggerieren will. Ein Privatunternehmen, das nach den Kriterien der unabhängigen Analyse und der neutralen Ergebnisse beurteilt wird, ist einem staatlichen Prüfungsinstitut jederzeit vorzuziehen, da das letztere im Abhängigkeitsverhältnis zur Politik steht. Es ist kein Zufall, daß staatliche Prüfungsgesellschaften meistens den einheimischen Produkten den Zuschlag geben. Man denke an die Kontroverse über Flughafensicherungsgeräte. Dies ist übrigens in den meisten Ländern der Fall. Eine unabhängige internationale Prüfungsgesellschaft hätte solch nationale Rücksichtnahmen nicht in Betracht zu ziehen, und der Konsument könnte sich seine eigene unabhängige Meinung bilden.

Sind die Siemens-Nixdorf-Computer, die in jedem deutschen Flughafen zu finden sind, wirklich die besten? Ich glaube kaum, sonst würden sie auch in vielen anderen Flughäfen eingesetzt. Aber das ist nicht der Fall.

Es mag banal klingen, aber genauso ist es mit Bananen. Die Politik diktiert die Quoten und somit den Preis. In der Vergangenheit habe ich köstliche und billige Bananen gekriegt. Heute muß ich teure und schlechtere Bananen kaufen. Wer ist verantwortlich? Die freie Marktwirtschaft? Nein, die Politik! Immer wenn der Staat eingreift, vermeintlich zum Vorteil des Bürgers, wird man betrogen. Nicht mit Absicht, sondern aus Rücksichtnahme auf irgendeine politische Interessengruppe.

Erinnern wir uns doch an die teuren und schlechten europäischen Stereoanlagen, bis die Japaner kamen. Die traurige Qualität amerikanischer Autos, bis die Deutschen und die Japaner den Standard für Qualität setzten. Dies alles zum Vorteil der Konsumenten. Aber nur offene Grenzen und uneingeschränkte Konkurrenz garantieren optimale Produkte und marktgerechte Preise. Selbst die Telekom, dieses träge, kundenfeindliche Unternehmen, wird durch die internationale Konkurrenz und die Privatisierung lernen, was Kunden bedeuten. Zur Zeit hat man das Gefühl, daß man froh sein muß, einen Telekom-Service benutzen zu dürfen. Eine neue Corporate Identity mit frischeren Farben bedeutet noch lange nicht einen besseren, kundengerechten Service.

Die Diskussion über die Vor- und Nachteile der freien Marktwirtschaft wird nie enden. Wenn das Schwedenmodell noch als Vorbild dienen könnte, wäre die Diskussion viel schwieriger. Aber die Demokratisierung der Marktwirtschaft, die zentralisierte und friedliche Lösung von Beschäftigungsproblemen, der Traum von staatlich kontrollierter Vollbeschäftigung und einer gerechten Einkommensverteilung ist ausgeträumt. Schweden, einst an zweiter Stelle bei der Kaufkraft pro Kopf, ist auf die vierzehnte Stelle zurückgefallen. Der Staat ist total überschuldet, und die Beschäftigung im privaten Sektor beträgt nur noch die Hälfte der Quote in den fünfziger Jahren. Dafür hat der staatliche Sektor zugelegt und kommt inzwischen auf 80 % der gesamten Volkswirtschaft. Hier gilt nicht das Argument von „McDonald's-Jobs“, sondern von unproduktiven Staatsstellen, die hauptsächlich von Frauen gefüllt werden. Aber nicht weil Frauen unproduktiv wären, ganz im Gegenteil. Einzig und allein weil der Staat unproduktive Arbeit an sie verteilt hat.

XIV

ES GRÜNT SO GRÜN ...

Umweltverschmutzung, Treibhauseffekt, Waldsterben, Ozonloch, Wassernotstand, radioaktive Verseuchung, Tropenwaldabholzung, Ausverkauf der Ressourcen, Tierartenausrottung – Schlagwörter beflügeln die Reden der Politiker. Über Nacht werden sie zu Ozonlochexperten und verkünden überzeugend das Waldsterben und den Treibhauseffekt. Eine Schreckensmeldung jagt die andere, aber interessanterweise nur in ein paar Ländern. In Frankreich gibt es kein Waldsterben, es gibt nicht einmal ein französisches Wort dafür, sondern man benutzt das deutsche. Die Amerikaner sind nicht bereit, den Treibhauseffekt als nachgewiesen zu akzeptieren, und die Brasilianer bestreiten die Abholzung von Tropenwäldern.

Das Wall Street Journal meinte zum Klimagipfel: „More Hot Air on Global Warming." In den siebziger Jahren hat ein Großteil der Wissenschaftler eine neue Eiszeit angekündigt. Jetzt berichtet man, daß bereits vor hundert Jahren das Ozonloch viel größer war als heute. Seriöse Experten erklären, daß bereits vor mehreren tausend Jahren die durchschnittlichen Temperaturen sich in einem Zeitraum von weniger als fünfzig

Jahren um bis zu fünf Grad verändert haben. Was soll der unbedarfte Bürger von diesen unterschiedlichen Expertenmeinungen halten?

Das Wichtigste scheint mir die Erkenntnis, daß der Mensch sich nicht zu wichtig nehmen sollte. Ein Erdbeben, ein Vulkanausbruch, ein ganz normaler Orkan sollte die Menschen an die Allgewalt der Natur erinnern. Ganze Tierarten sind ausgestorben ohne menschliche Einflüsse, nicht nur die Dinosaurier. Fruchtbares Land ist entstanden, wo früher Wüste war und umgekehrt. Es herrschten Eiszeiten, tödliche Dürren, alles ohne menschliche Einflüsse. Die Konsequenz aus dieser Erkenntnis kann nur sein, daß der Mensch sich wirklich nicht als die Krone der Schöpfung sehen sollte.

In den vierziger Jahren, als ich ein Junge war, wurde es verboten, im Zürichsee und im Vierwaldstättersee zu baden. Beide Seen waren total verseucht, denn es gab keine Kläranlagen, aber es gab auch keine Grüne Partei. Die Bürger merkten es von selbst, daß etwas unternommen werden mußte, um die Seen wieder gesund zu machen. Heute kann man wieder in allen Schweizer Seen schwimmen. Dasselbe Erlebnis hatte ich in England. Als ich Anfang der fünfziger Jahre nach England kam, war die Themse eine dicke grüne Brühe, und ab Oktober gab es laufend Nebelnächte oder besser Smognächte, in denen man seinen Weg nach Hause nicht mehr fand. Die Themse ist wieder ein sauberer Fluß, allerdings nur, weil sie beim Parlamentsgebäude vorbeifließt. Die Herren Abgeordneten konnten vor lauter Gestank die Fenster nicht mehr aufmachen. Auch hier war keine Grüne Partei notwendig, um auf die vorhandenen Mißstände aufmerksam zu machen. Die typischen Londoner Smognächte verschwanden, als das „smokeless fuel“ eingeführt wurde.

Selbst in dem exklusiven Skiort Zermatt wurde eine Wasserkläranlage gebaut, als Typhus drohte. Mit anderen Worten: Der Mensch ist bereit zu investieren, wenn die Signale auf „Rot“ stehen. Es ist eine Illusion zu glauben, daß er zur Vorbeugung gezwungen werden kann, wenn er noch keine akute Gefahr erkennt.

Heute sind die Grünen, wenigstens die seriösen, die Triebfeder des Umweltbewußtseins beim normalen Bürger, und dies ist von großem Vorteil für die Gesellschaft und die Umwelt. Allerdings sollte dies nicht darüber hinwegtäuschen, daß viele unter dem grünen Banner bornierte Ökonazis sind, die allen Fortschritt ablehnen, Kernkraftwerke, Chemiefirmen, Autohersteller und viele andere wichtige Träger unserer Volkswirtschaft beschimpfen und keine Alternativen zur wirtschaftlichen Weiterentwicklung bieten.

Ende der fünfziger Jahre war die Umweltverschmutzung ein Vielfaches von heute, aber Politiker und Medien suggerieren den Bürgern, daß es immer schlimmer werde – was überhaupt nicht stimmt.

Ich erinnere mich an meinen ersten Besuch in Duisburg 1959. Mein Termin bei der Demag dauerte etwa zwei Stunden, und während dieser Zeit hatte ich meinen weißen Porsche in unmittelbarer Nähe geparkt. Als ich zurückkam, war das ganze Auto mit feinem roten Kupferstaub überzogen. Jetzt fiel mir auch auf, daß die Fenster, die Eingänge, alles in der Umgebung eine rötliche Farbe hatte, und im Regen verschmierten sich die Hauswände. Später ging ich etwas spazieren und schlenderte die Ruhr entlang. Es war ein dreckiger Fluß.

Viele unter dem grünen Banner sind bornierte Ökonazis, die allen Fortschritt ablehnen.

Als ich einige Jahre später zurückkam, war der Kupferstaub verschwunden, und die Ruhr hatte wieder eine klare Farbe. All diese Fortschritte wurden ohne die Grünen erzielt.

Jetzt, in den 90er Jahren, scheint sich das Blatt wieder zu wenden. Interessant ist, daß die schmutzigsten Städte Deutschlands diejenigen sind, wo die Grünen mit an der Macht sind. Frankfurt ist das Paradebeispiel. Die Stadt wird von Tag zu Tag dreckiger, die Parks sind ungepflegt und teilweise große Müllkippen. Die Zufahrtsstraßen zur Autobahn sind geschmückt mit Bierflaschen, Coca-Cola-Dosen, Plastiktüten, Papier und anderem Müll. Es sieht schlimmer aus als in den fünfziger Jahren in New York. Aber hier gibt es keine Gegenmaßnahmen, der Dreck wird toleriert; er scheint ein Teil der sogenannten multikulturellen Gesellschaft zu sein.

Sollen sich doch die Politessen nicht nur um Falschparker kümmern, sondern auch um diese Umweltverschmutzer! Saftige Bußen wie in Amerika oder gar in Singapur helfen schnell, diesen Schmutzfinken Einhalt zu gebieten.

Das ganze Müllsystem scheint in Deutschland zur Katastrophe zu werden. In meiner Gemeinde wird der stinkende Abfall nur noch alle zwei Wochen abgeholt, und die gelben durchsichtigen Säcke erinnern mich an eine arme afrikanische Großstadt. In vielen Teilen der Schweiz wird der Müll jeden Tag abgeholt, und das funktioniert auch. Grüne Punkte auf Verpackungen sind ein lächerliches Alibi für falsche Organisation. Aber wieso soll der Staat bei der Müllabfuhr besser und intelligenter wirtschaften als bei der Post oder der Eisenbahn? Schlechter Service, schlecht bezahlte Mitarbeiter und Demotivation sind Standard bei Staatsbetrieben.

Meine traurigste Erfahrung machte ich, als ich einmal leere Farbeimer entsorgen wollte. Die Broschüre der Stadt Dreieich verwies auf eine private Firma in Fechenheim. Ich packte alle leeren Eimer in einen Kleinlaster und fuhr zur genannten Firma. Eine liebenswürdige junge Dame machte mich darauf aufmerksam, daß ich die leeren Eimer wiegen müßte und daß die Entsorgung pro Kilo sehr teuer sei. An den Preis kann ich mich nicht mehr erinnern. Aber auf meine Schätzung des Gewichtes meinte sie, dies würde mich etwa 1.900 DM kosten. Sie beklagte sich über die Gemeinden, die dem Bürger die Wahrheit verschweigen und ihn im Glauben lassen, er könne seine Farbeimer kostenlos entsorgen. Sie empfahl mir, mit dem

vierlande

Experten hinten im Hof zu sprechen. Er überprüfte meine Ladung und meinte, ich könnte die meisten Eimer ganz normal über den Mülleimer entsorgen. Die wenigen kleineren Dosen von Spezialfarben nahm er kostenlos entgegen.

Also fuhr ich wieder mit der ganzen Ladung nach Hause zurück und entsorgte die Farbeimer, einen nach dem anderen, über den normalen Müll. Komplizierter geht es offensichtlich nicht mehr. Auf alle Fälle bin ich anscheinend nicht intelligent genug, um zu wissen, wo ich nun Hundefutterdosen loswerden soll. Eine Informationsschrift erklärt mir, sie sollten ausgewaschen in die gelbe Tüte. Eine andere empfiehlt, die Dosen sollten in die Spezialentsorgung für Aluminium. Wie einfach haben es da die Franzosen! Sie haben nur einen Mülleimer und kommen trotzdem zurecht. Ob sie wohl größere Umweltverschmutzer sind als die Deutschen?

Meine Schwester in der deutschen Schweiz hat vier verschiedene Mülleimer und sortiert alles pflichtbewußt. Meine andere Schwester in der französischen Schweiz kommt mit einem Mülleimer zurecht, und auch in der italienischen Schweiz benutzen die meisten nur eine Mülltüte. Böse Zungen behaupten, daß der fein sortierte Müll der Deutschschweizer gemeinsam an demselben Ort gelagert wird. Es ist nicht feststellbar, wer das bessere Gewissen hat. Lediglich meine Schwester in der deutschen Schweiz ist, was Müll betrifft, viel hektischer als meine Schwester in der französischen Schweiz, die das ganze Geschwafel nicht versteht. Der eine genießt das Leben, der andere muß darunter leiden.

Ich schäme mich nicht nur, daß ich Auto fahre und Fleisch esse, jetzt habe ich auch noch einen Komplex, daß ich Müll verursache. Die Schilder „Mülldeponie – nein danke", „Nicht hier" und ähnliche sind Zeichen einer oberflächlichen Gesellschaft. Müll muß entsorgt werden, so einfach ist das. Alle Menschen machen Müll, auch die Ökofreaks. Der Staat ist hier gefordert, eine praktikable Lösung anzubieten, und wenn er dazu nicht fähig ist, soll die private Wirtschaft dafür sorgen, daß der Abfall verarbeitet wird oder verschwindet. Was zur Zeit passiert, ist untragbar. Immer mehr Müll wird einfach in die Umwelt gekippt, weil der Staat die Entsorgung teuer und teilweise unzumutbar macht. Ich habe früher nie so viele Müllsäcke an Straßenrändern beobachtet wie nach der Zeit, als die normale Entsorgung immer unmöglicher gemacht wurde.

Im Sommer, wenn Essensreste mehrere Tage in der Mülltonne bleiben, gibt es nicht nur Maden, sondern auch einen penetranten Gestank. Man empfahl mir, diese Essensreste in die Toilette zu kippen, aber ein Experte klärte mich auf, dies könnte die Ratten anziehen. Was soll ich denn mit Hähnchenknochen machen? Ich fahre sie jetzt zweimal in der Woche im Sommer nach Frankfurt, wo ich sie in der Mülltonne meiner Firma entsorge, die mehrmals per Woche geleert wird.

Es geht hier nicht um sorglose Müllerzeugung, es geht um eine akzeptable und verständliche Ordnung. Zur Zeit herrscht das Chaos.

XV

DIE ZWEIFELHAFTE WIRKUNG VON SCHMIERSTOFFEN

Bei meinen Reisen um die Welt war ich immer wieder überrascht, mit welcher Unverfrorenheit Menschen signalisieren, daß sie sich bestechen lassen. Das direkteste Angebot erhielt ich, wo anders auch, in Italien. Mein Wall-Street-Journal-Repräsentant und ich waren zum Mittagessen mit dem Chef der Öffentlichkeitsabteilung eines großen Staatskonzerns. Es wurde vereinbart, daß das Unternehmen eine größere Werbekampagne im Wall Street Journal starten werde. Es ging um Hunderttausende von Dollars, damals in den 60er Jahren ein enormer Etat für Auslandswerbung.

Der PR-Chef erkundigte sich beim Dessert nach der Höhe der Rückvergütung. Ich machte ihm unmißverständlich klar, daß das Wall Street Journal diese Usancen des Geschäftemachens nicht kannte oder kennen wollte. Er zeigte völliges Unverständnis und war sichtlich irritiert. Ostentativ stand er auf, wechselte seinen Sitz und rückte in unmittelbare Nähe unseres Repräsentanten. Während ich mich mit seinem Kollegen unterhielt, verhandelten die beiden ungeniert miteinander.

Nach dem Essen informierte ich meinen italienischen Kollegen, daß ich über seine Verhandlungen nicht Bescheid wissen dürfe, da dies gegen unsere strikte Firmenpolitik verstieß. Er lachte und murmelte irgend etwas von naiven Amerikanern. Er fragte mich, ob ich das Auto des PR-Chefs gesehen hätte und ob ich wisse, wie dieser Angestellte für seine Frau, seine Kinder und die Zweitwohnung für seine Freundin aufkommen könne. Er erklärte mir klipp und klar, daß in Italien kaum Verträge abgeschlossen werden könnten, wenn nicht Geld nebenbei fließe.

Von wegen typisch italienisch! In den meisten Ländern regiert der Filz, und Deutschland macht da keine Ausnahme. Ganz im Gegenteil – Bestechung ist leider an der Tagesordnung in allen Bereichen der Gesellschaft. Ein schönes Beispiel sind die Baubehörden.

In den 70er Jahren wollte ich meinen Bungalow aufstocken und eine Zweitgarage bauen. Ich besuchte den zuständigen Beamten, der mir erklärte, aufstocken komme überhaupt nicht in Frage, da in unserer Straße nur einstöckige Häuser zugelassen seien. Ein überzeugendes Argument; es geht anscheinend hauptsächlich darum, daß eine Straße möglichst eintönig aussieht. Die Garage wurde abgelehnt, da eine alte Eiche abgeholzt werden mußte. Ebenfalls bestechende Logik; wurden doch in unserer Gegend einst Hunderte von Eichen abgeholzt, um die Häuser überhaupt bauen zu können. Aber eine Zweitgarage? Wo kommen wir denn da hin! Es ist dieselbe Logik, die diktiert, daß im Winter in vielen Gebieten kein Salz gestreut wird, damit die Bäume geschont werden. Was spielt es da für eine Rolle, daß bei Unfällen durch Rutschen auf Eis ein paar Menschen zusätzlich umkommen oder verletzt werden? Das Lebensrecht von Bäumen ist offenbar wichtiger als das von Menschen.

Da der Bungalow zu klein geworden war, entschieden wir, ihn zu verkaufen. Und siehe da, der neue Besitzer, ein Beamter der Stadt, fällte die Eiche, baute eine Zweitgarage und stockte den Bungalow um eine Etage auf. So einfach geht das.

Im neuen Haus waren die Erfahrungen nicht viel besser. Mein neuer Nachbar, ein humorvoller, lebhafter Bauunternehmer, sagte mir, daß er für meine Garage, einen integralen Bestandteil des Hauses, eine Abbruchgenehmigung erwirkt hätte, da mein Vorgänger eine ganze Reihe von Bauvorschriften ignoriert hatte. Unter anderem war mein Dach viel zu nahe an seiner Mauer. Er erzählte mir, er hätte damals Einspruch erhoben, was jedoch abgelehnt worden sei. Nach intensivem Schriftwechsel, der gar nichts bewirkte, habe er eine Beschwerde eingereicht wegen Untätigkeit im Amt. Erst durch diese Hartnäckigkeit wurde seinem Einspruch stattgegeben und die Abbruchgenehmigung ins Grundbuch eingetragen. Die finanzierende Bank meines Vorgängers verhandelte anschließend mit ihm, und er erzählte mir eine abenteuerliche Geschichte, wieviel Bargeld er erhalten habe, um von dem Abbruch Abstand zu nehmen. Ich lernte ihn als ebenso liebenswürdigen wie glaubhaften Menschen kennen und wußte, daß seine Geschichte der Wahrheit entsprach.

Ein anderer Nachbar, der eine Zweitgarage baute, versicherte mir auf meine Anfrage, wie er denn die Genehmigung erhalten habe, es hätte ihn 6.000 DM gekostet. Dies sei der übliche Preis für die Genehmigung einer Garage. Nicht viel später wurde der Leiter unseres zuständigen Bauamtes wegen Bestechung verhaftet. Inzwischen ist klar – alle Zeitungen im Rhein-Main-Gebiet berichten über solche Fälle aus den Bauämtern in Frankfurt und den umliegenden Gemeinden –, daß Bestechung gang und gäbe ist. Kein Wunder bei diesen unsinnigen Bestimmungen! Es ist wie mit sinnlosen Steuern; die Bürger finden immer einen Weg, den Staat zu umgehen.

**Bestechung ist bei uns gang und gäbe.
Es ist wie mit sinnlosen Steuern;
die Bürger finden immer einen Weg,
den Staat zu umgehen.**

Wie tief unsere Gesellschaft von Geldgeschenken korrumpiert ist, ließ die berüchtigte Parteispendenaffäre erkennen. Selbst der Bundeskanzler plädierte auf Gedächtnisschwund, während die Industriebosse, die unter dem Druck der Parteien bezahlt hatten, bluten mußten. Sie wurden wie heiße Kartoffeln von den Politikern fallengelassen, die damit ihre Doppelmoral zu erkennen gaben. Der Prozeß gegen den Boß von Bosch, Merkle, war ein Paradebeispiel der Hinterhältigkeit und Feigheit von zuständigen Politikern. Und daß selbst ein Topmanager wie von Bennigsen-Foerder aufgrund der Spendenaffäre als vorbestraft galt, war für mich ein widerwärtiges Zeichen der Zeit in Deutschland. Soviel Heuchelei hätte ich von den Parteispitzen nicht erwartet.

Auch daß Lothar Späth, damals Ministerpräsident von Baden-Württemberg, wegen ein paar von der Wirtschaft finanzierter Reisen zurücktreten mußte, fand ich unverständlich. Was die Politik der Industrieansiedlung betrifft, hat er für das „Ländle" mehr getan als irgendein anderer. Aber diejenigen, die am lautesten schreien, sind oft die Schlimmsten. Ob der damalige Wirtschaftsminister Karry in Hessen tatsächlich von einem Einbrecher oder Terroristen erschossen wurde und Barschel wirklich Selbstmord begangen hat, bleibe dahingestellt. Klar ist nur, daß in Deutschland genauso dubiose Geschäfte gemacht werden wie in anderen Ländern. Denken wir an die Lockheed-Affäre!

Am beunruhigendsten ist die Tatsache, daß auch bei den Medien der Filz nicht haltmacht. Man sollte meinen, daß Journalisten auf Grund der generösen Gesetzgebung über die Pressefreiheit sich ihrer Verantwortung bewußt sind. Aber leider gibt es selbst bei den besten Medien welche, die sich bestechen lassen, und obwohl das in den Häusern teilweise genau bekannt ist, unternimmt die Chefredaktion nichts gegen diese zwielichtigen Charaktere, offensichtlich um einen Skandal zu vermeiden.

Meine persönlichen Erfahrungen auf diesem Gebiet sind nicht besonders erfreulich. Ich finde es eine Schande, daß einzelne

Personen den guten Namen ihres Mediums zur persönlichen Bereicherung mißbrauchen. Auch hier scheint eine Doppelmoral selbstverständlich akzeptiert. Aber wo fängt Bestechung an, und wo hört sie auf?

Das bekannte amerikanische Wirtschaftsmagazin Fortune hatte mich und meine Frau auf ein Wochenende nach Las Vegas eingeladen. Wir bekamen eine Suite mit zwei Schlafzimmern, zwei Bädern und zwei Wohnzimmern zugewiesen. Als ob wir in vier Betten schlafen würden. Alles war bezahlt, denn schließlich war mein Unternehmen ein großer Kunde von Fortune. Die Zeitschrift Business Week lud mich für ein ganzes Wochenende nach St. Moritz ein, und Forbes USA flog mich und einige andere Kunden in Malcolm Forbes' Privatflugzeug „Capitalist Tool" nach Marrakesch, wo sein Schloß stand. Dies sind nur einige wenige Beispiele, wie die internationalen Medien operieren.

Bestechungsgelder sprudeln dort am stärksten, wo Geld ohne große Leistung verdient wird: in Staatsbetrieben, in Großunternehmen, bei reichen Erben ...

Ich habe diese Einladungen, auch von deutschen Medien, immer genossen. Ob ich mich dadurch bestochen fühlte, kann ich gut beantworten: Natürlich hatte man mich nicht eingeladen, weil den Medien mein Gesicht so gut gefiel, sondern weil ich ein großer Kunde war. Und in allen Fällen wurde der Kontakt gefestigt und die Geschäftsverbindung gefördert.

Bestechung ist für mich, wenn ich für Geld oder eine Gefälligkeit etwas tue, was ich sonst nicht tun würde. Aber mein Unternehmen war ja schon ein großer Kunde, bevor ich vom jeweiligen Unternehmen eingeladen wurde. Denselben Maßstab wollen die Redaktionen jedoch oft nicht bei anderen akzeptieren. Was sie von Politikern und anderen verlangen, ist oft unrealistisch und überhaupt nicht in Einklang mit normalem menschlichen Verhalten. Die Amerikaner sind auf diesem Gebiet noch engstirniger als die Deutschen.

Es hilft auch nichts, wenn immer mehr Vertreter des Establishments verurteilt und eingesperrt werden, so wie zur Zeit in Italien. Es wäre hilfreich, wenn in den Familien und in den Schulen ein anständiger Kodex gelehrt würde. Aber wenn an der Basis rechtmäßiges Verhalten nicht erkennbar ist, dann ist es nicht verwunderlich, wenn das ganze System korrupt ist. Generell kann man behaupten, daß Bestechungsgelder dort am stärksten sprudeln, wo das Geld ohne große Leistung verdient wird: in Staatsbetrieben, in Großunternehmen, bei reichen Erben. Aber sie fließen ebenso in Situationen, wo es offensichtlich keine andere Wahl gibt, wenn man finanziell erfolgreich sein will.

Korruption fängt schon in der Familie an, wo Kinder bestochen werden, damit sie sich brav und ruhig verhalten. Es geht in der Schule weiter, wo Lehrer die Kinder einflußreicher

Eltern bevorzugen. Und in der Politik ist Bestechung zur feinen Kunst entwickelt worden. Geschenke vor der Wahl sind in allen Demokratien üblich. Leere Versprechungen sind an der Tagesordnung. Politiker, die vor der Wahl Steuererhöhungen ansagen, werden, wenn sie überhaupt kandidieren, kaum gewählt. Man spricht von Steuersenkungen, Erhöhung des Kindergeldes, Verbesserung der Rente, Abschaffung der Gewerbesteuer und vielem anderen mehr. Nach der Wahl sieht alles anders aus, und eine Ausrede folgt der anderen. Aber die Medienmacht erinnert Politiker immer öfter an ihre Versprechen, und durch das Fernsehen, wo Millionen Menschen dasselbe hören und sehen, wird das Lügen immer schwieriger. Ein großer Vorteil der Massenmediengesellschaft. Selbst für Diktaturen wird es immer schwieriger, Menschen umzubringen, ohne daß CNN letztlich dahinterkommt.

In der heutigen Zeit wäre es kaum möglich, daß ein Regime Konzentrationslager unterhält, ohne daß das Volk Bescheid wüßte. Aber diese Vorteile werden auch mit großen Nachteilen bezahlt, wie wir gesehen haben.

XVI

MEDIEN SIND AUCH NUR MENSCHEN

Die Macht der Medien wird immer wieder von den Journalisten heruntergespielt, als hätten sie Angst, ihr wirklicher Einfluß könnte quantifiziert werden. Untersuchungen in Amerika haben aber bestätigt, wie enorm die Medien die Menschen beeinflussen können. Eine wirkungsvolle Beweisführung dürfte jedoch schwerfallen, denn natürlich haben die Medien per se überhaupt keine Macht, genausowenig wie Banken Macht haben. Die Macht wird ausgeübt von Menschen, die für die Medien arbeiten.

Wer die amerikanische Szene kennt, der weiß, welchen enormen Einfluß z. B. ein Rush Limbaugh ausübt, der als Rundfunkstar mit rechtsradikalen Sprüchen eine zunehmend breitere Anhängerschaft gewinnt. Es gibt viele seriöse Kommentatoren, die überzeugt sind, daß er für den Erdrutsch der Republikaner im Kongreß hauptsächlich verantwortlich war. Und daß bei der Abstimmung über NAFTA die Konfrontation von Al Gore mit Ross Perot in der Larry-King-Show auf CNN Perot als oberflächlichen Schwätzer entblößte, ist ein offenes Geheimnis.

In Deutschland ist es etwas schwieriger, die Macht der Journalisten zu dokumentieren. Wer allerdings zum Beispiel den Einfluß des „Spiegel“ bezweifelt, hat wenig Kenntnis der deutschen politischen und wirtschaftlichen Verhältnisse. Der „Spiegel“ hat viele Politiker und Wirtschaftsbosse zu Fall gebracht, und oft mit Recht. Aber einige der Journalisten haben ihre Verantwortung gegenüber der Pressefreiheit vergessen und führen teilweise echte Rachefeldzüge. Ganze Karrieren werden unnötigerweise zerstört, und auch Selbstmorde sind auf die oberflächliche und oft bösartige Berichterstattung von einigen Journalisten zurückzuführen.

Auch hier gehen die Angelsachsen mit schlechtem Beispiel voran. Ein wohlbekanntes Beispiel: Was Personen des öffentlichen Lebens wie Lady Di und Prinz Charles in Großbritannien ertragen müssen, ist schlicht eine Schweinerei. Kein anderer Beruf hätte das uneingeschränkte Recht, soviel persönliches Leid zuzufügen: alles unter dem Deckmantel der Pressefreiheit. Was nützen hier die freiwilligen Kontrollen, wie sie der Press Council ausübt? Diesem weltweiten Mißbrauch muß Einhalt geboten werden, vor allem weil nicht nur Karrieren einzelner Menschen zerstört, sondern ganze Unternehmen in den Bankrott getrieben werden.

Das Trommelfeuer, das gegen Hilmar Kopper von der Deutschen Bank gerichtet wurde wegen eines einzigen Wortes, spricht Bände über den Herdentrieb und die Hysterie einer Großzahl von Journalisten. Daß dadurch Tausende fleißiger Mitarbeiter der Deutschen Bank unter dieser einseitigen

Berichterstattung leiden, wird großzügig übersehen. Und wenn in einem Unternehmen ein einzelner Mitarbeiter die Kunden betrügt, wird gleich die ganze Firma an den Pranger gestellt. Wenn nur ein Bauer verbotene Hormone benutzt, wird der gesamte Berufsstand durch den Dreck gezogen. Mal sind es die Weinbauern, dann die chinesischen Restaurantbesitzer, die Teigwarenhersteller, die Fischverkäufer, die Banken und viele andere. Seit längerer Zeit müßte man aus der Berichterstattung schließen, daß das ganze Bankgewerbe betrügt. Wie sehr unter solch pauschalen Beschuldigungen die Motivation und Rekrutierung der Mitarbeiter leidet, spielt offenbar keine Rolle.

Solange man diesen Mißbrauch der Pressefreiheit nicht am eigenen Leibe zu spüren bekommt, kann man sich den Schmerz und das Leid der Betroffenen, auch ihrer Familienangehörigen, nur sehr schwer vorstellen.

Das Trommelfeuer gegen Kopper wegen eines Wortes spricht Bände über den Herdentrieb und die Hysterie einer Großzahl von Journalisten.

Meine Karriere in Deutschland wäre beinahe von einem rachsüchtigen Ex-Geschäftsführer beendet worden. Er informierte die Presse über meine vermeintlichen Betrügereien und über meinen angeblich zwielichtigen Lebenswandel. Glücklicherweise berichtete darüber nur die Fachpresse, aber der Kommentar mit dem Tenor „Sidler fährt Porsche und treibt es mit seinen Sekretärinnen“ war wenig dazu angetan, mein Image bei meinen seriösen Bankkunden zu fördern. Als ein „Spiegel“-Reporter anrief, um ein Interview zu vereinbaren, hatte ich große Sorgen.

Wir trafen uns am Flughafen, und ich versuchte krampfhaft, positive Informationen über mein Unternehmen zu lancieren. Er war überhaupt nicht daran interessiert, sondern stellte immer wieder dieselben Fragen. Ob es stimme, daß die Steuerfahndung mich überprüfe, ob tatsächlich die Fremdenpolizei meinen Aufenthalt in Deutschland in Frage stelle und ähnliches mehr. Er brachte dies in Zusammenhang mit der Tatsache, daß ich führende Banker und Unternehmer berate. Die Zielrichtung war klar, und nach einer Story in der Fachpresse unter der Headline „Agenturboß im Zwielicht“ konnte ich mir den Tenor des Artikels im „Spiegel“ gut vorstellen. Ich versuchte es mit Offenheit und stellte den Charakter des Informanten in Frage. Ich überzeugte den Journalisten, daß in meiner Branche der gute Ruf der wichtigste Goodwill sei, und er wurde zusehends freundlicher. Ich erinnerte ihn daran, daß die Pressefreiheit auch Verantwortung bedeute und bat ihn, meine Story zu vergessen, da ich für die „Spiegel“-Leser viel zu uninteressant sei. Es ist nie etwas erschienen, und das Thema war sehr schnell begraben.

Aber wie man einflußreichen Menschen großen Schaden zufügen kann, haben zwei Journalisten in einem Buch über den bekannten Privatbanker Edmond Safra und die gezielte Rache von Spitzenmanagern von American Express recherchiert. Es war eine Rufmordkampagne der übelsten Sorte, wobei Safra als Landesverräter verleumdet wurde und die Story gezielt über antijüdische Medien verbreitet wurde. Safra, laut Aussage seiner Freunde, litt monatelang, jahrelang unter dieser Hetze, die von Anfang bis Ende erlogen war. Der damalige Präsident von American Express, der machtgierige Jim Robinson, und einige seiner Berater inszenierten die Schlammschlacht, nur um Safra zu schaden, nachdem die Zusammenarbeit mit ihm gescheitert war.

Viele Medien übernahmen die Story ohne Prüfung der Fakten, und der Ruf von Safra war lange Zeit schwer angeschlagen. Das System, nach dem auch diese Kampagne funktionierte, ist einfach: Ich informiere den Staatsanwalt, daß ich gesehen habe, wie der Spitzenpolitiker oder Manager X in einem Restaurant Drogen kaufte, wobei eine größere Geldsumme die Hände wechselte. Die Staatsanwaltschaft muß, da es sich um ein Offizialdelikt handelt, somit eine Untersuchung einleiten. Anschließend spiele ich den Medien zu, daß gegen X von der Staatsanwaltschaft wegen Drogenbesitzes ermittelt wird. Die Journalisten fragen bei der Staatsanwaltschaft an, ob tatsächlich eine Untersuchung eingeleitet worden sei. Da auch Staatsanwälte geltungssüchtig sind – man denke nur an den Fall Lopez –, kann es ohne weiteres sein, daß die Untersuchung nicht bestätigt, aber auch nicht verneint wird, und dies genügt einigen Medien, um die Story hochzuspielen: „Staatsanwaltschaft ermittelt gegen X wegen Drogenhandels." Der Schaden ist bereits angerichtet, und wenn Herr X bis dahin erfolgreich war und somit auch Feinde hat, wird er sehr schnell vom Establishment fallengelassen.

Woher haben denn Journalisten die negativen Informationen über Spitzenleute? Immer von Neidern, von Verleumdern und nur sehr selten von seriösen und zuverlässigen Informanten. Gerade die letzteren sprechen wenig mit der Presse, sondern meistens die bösartigen Menschen. Daß sogar Telefongespräche, persönliche und intime wie im Fall von Prinz Charles, veröffentlicht werden, spricht Bände über den Mißbrauch der Pressefreiheit.

Es gibt leider auch Nieten bei den Journalisten, aber dies verschafft niemandem das Recht, den ganzen Berufsstand schlechtzumachen. Vielmehr sollten die Möglichkeiten, Schadenersatzansprüche durchzusetzen, in Deutschland verbessert werden, damit man gegen Regenbogenjournalismus der üblen Art besser vorgehen kann.

Es gibt leider auch Nieten unter den Journalisten, aber deswegen darf niemand einen ganzen Berufsstand schlechtmachen.

In meiner Nachbarschaft lebt ein freundlicher älterer Herr, der mich immer sehr liebenswürdig grüßt. Er sollte wegen Bestechung von Beamten der Stadt Frankfurt angeklagt werden. Der

Prozeß wurde krankheitshalber aufgeschoben, und ein Teil der Presse fiel über diesen Mann und die zuständigen Politiker her, als sei die Schuld schon nachgewiesen. Monatelang saßen zwei Polizisten im Auto vor seinem Haus, angeblich um den Mann zu bewachen. 24 Stunden pro Tag, zwei Polizisten – man bedenke, was dies an Steuergeldern gekostet hat. Inzwischen brechen Kriminelle zu jeder Tageszeit überall ein, aber um das zu verhindern gibt es zuwenig Polizisten. Mein Nachbar hätte ohne weiteres hinter dem Haus über den Zaun entfliehen können; also war die ganze teure Bewachung lediglich eine demonstrative Geste.

Ich unterhielt mich ab und zu mit den Polizisten, die diesen Dienst als grobe Verschwendung ihrer Zeit betrachteten. Aber sie haben ja keinen Einfluß auf blödsinnige Anweisungen ihrer Vorgesetzten. Hauptsache der Staat unternimmt etwas, solange die Medien Negatives berichten. Heute ist der Fall uninteressant, von Prozeß redet niemand mehr. Ein Glück für diesen Mann, daß die Medien kein Interesse mehr an seinem Schicksal haben.

Das Verhältnis zwischen den Einflußreichen und den Journalisten ist in den meisten Fällen eher ein gespaltenes. Viele Journalisten, oft nicht gerade gut bezahlt trotz harter Arbeit, sind neidisch auf deren Lebensstil und suchen unnachgiebig nach irgendwelchen Schwächen. Die Gesamtleistung des Betroffenen zählt nicht mehr, sondern nur der eine Fehler oder die eine Schwäche. „Bad news is big news, good news is no news." Dieser Spruch kommt nicht von ungefähr. Es ist mehr als viel Wahrheit in dieser Aussage. Auf der anderen Seite sind die Einflußreichen, die die Presse für die Erhaltung ihres Erfolgs oder ihrer Macht brauchen, sich aber fürchten, daß früher oder später die Presse sich gegen sie richtet. Der Vorstandsvorsitzende einer der deutschen Großbanken faßte diese Situation zusammen mit den Worten: „Die Journalisten sind Drecksäcke, aber wir brauchen sie ..."

Der Höhepunkt aller Hetzjagden in einer Demokratie war die McCarthy-Ära in den USA der 50er Jahre. Sie erzeugte unter anderem den Eindruck, als sei ganz Hollywood eine aktive kommunistische Zelle. Selbst so große Schauspieler wie Charlie Chaplin wurden angeklagt. Die Macht dieses Senators McCarthy und seines berüchtigten Untersuchungsausschusses war jedoch nur möglich durch die Unterstützung, die er von der Presse erhielt. Genau wie Hitler und andere Verbrecher. Auch die Schweizer Banken bekamen die Rache von McCarthy zu spüren. Er behauptete, die Kommunisten kauften über Schweizer Banken wichtige amerikanische Industrien auf, nachdem in einigen Übernahmekämpfen bis zu 40 % der Stimmen aus der Schweiz kamen. Heute sind die Schweizer viel diskreter und machen von ihrem Stimmrecht keinen Gebrauch mehr.

Sex und Skandale bringen weltweit die hohen Auflagen. Somit ist es nicht verwunderlich, daß viele Verleger ihre Chefredaktionen antreiben, immer neue Skandale aufzudecken, selbst wo es keine gibt. Dasselbe gilt leider auch in vielen Medien, die über die Wirtschaft berichten: Oberflächliche Recherche, Stories werden ungeprüft übernommen, Halbwahrheiten als

Fakten berichtet. Aber auf der anderen Seite werden durch dieses System laufend Mißstände aufgedeckt, die für die Leser von größter Bedeutung sind. Kunden werden immer besser informiert, und es fällt den Unternehmen immer schwerer, ihnen schlechte Produkte oder schlechten Service zu verkaufen. Ohne eine freie Presse wäre dies nicht möglich.

Dennoch sollte den Lügnern und Bestechlichen unter den Journalisten gesetzlich Einhalt geboten werden. Das Recht, eine Richtigstellung zu verlangen, bringt gar nichts, wenn der Schaden schon angerichtet ist. Kräftige Schadenersatzklagen, bei denen die Beweisführung vereinfacht wird, sind die beste, wenn auch nicht die ideale Lösung. Eine heile Welt gibt es nicht. Aber der größte Schaden sollte wenigstens abgewendet werden.

Zur Zeit reden und schreiben viele über die Konzentration von Medienmacht, wobei immer wieder der Name Leo Kirch erwähnt wird. Seltsam, es sind vor allem die öffentlich-rechtlichen Fernsehanstalten, die diese sogenannte Medienmacht an den Pranger stellen. Aber haben nicht gerade diese Medien jahrzehntelang ein reines Monopol genossen? Ohne Kirch wäre doch die freie Fernsehlandschaft um einiges ärmer. Es sind die Kirchs, die Murdochs, die Augsteins, die Springers dieser Welt, die den Staatsmonopolen die Stirne bieten; denn ohne Zuschauer oder Leser können diese Privaten nicht überleben, während die Öffentlich-Rechtlichen noch Gebühren kassieren, wenn der Großteil schon abgeschaltet hat.

XVII

NIETEN IN JEANS UND NADELSTREIFEN

Ich werde den Eindruck nicht los, aber ich glaube, die meisten Nieten in der Werbebranche tragen Jeans. Sie sprechen hauptsächlich über ihre Tätigkeit in sehr gut klingenden englischen Wörtern. Das bekannteste ist inzwischen Public Relations, gefolgt von Corporate Identity, Corporate Culture, Investor Relations, Financial Communications, Issue Advertising und „last but not least" Equity Culture. Das letztere Wort wird immer häufiger auch von Politikern und Bankern im Zusammenhang mit der Privatisierung der deutschen Telekom verwendet. Auf deutsch heißt es schlicht und einfach „Aktienkultur", was immer zum Teufel dies bedeuten soll.

Ich wußte gar nicht, daß Aktien Kultur besitzen – oder meint man damit die Aktionäre? Was soll dieser Unfug? Aktionäre kennen nur eine Kultur. Sie wollen, daß der Kurs ihrer Aktie steigt, oder, wenn sie short sind, daß der Kurs fällt. Wenn dies Kultur ist, dann haben wir in den letzten Jahrzehnten große Fortschritte gemacht. Ich hatte geglaubt, früher sei es auch Wunsch der Aktienkäufer gewesen, daß die Kurse steigen.

Aber jetzt spricht man, wenn man informiert ist, von Equity Culture. Oder sind dies die berühmten seriösen Anleger, wie sie ein Vertreter der Deutschen Bank nennt, die Aktien langfristig halten? Unseriös hingegen, nach dieser Theorie, sind Aktionäre, die kurzfristig gute Gewinne erzielen und dann wieder kurzfristig verkaufen.

Ich habe mehrere Experten gefragt, was Equity Culture bedeutet, habe jedoch bis heute keine überzeugende Antwort erhalten. Aber die Amerikaner sind große Klasse in neuen Wortprägungen. Als Präsident Lyndon Johnson öfter beim Lügen ertappt wurde, hatte die Presse den „Credibility Gap“ erfunden, denn es geziemte sich nicht, den Präsidenten der Lüge zu bezichtigen. Der Müllmann wurde zum Sanitation Engineer und der Bankvertreter zum Relationship Manager. Was man doch mit Wörtern alles verschleiern kann. Könnte es sein, daß Equity Culture in Deutschland Einzug hält, wenn man das noch nicht börsenreife Unternehmen Telekom an den Mann bringen will?

Es gibt viele Bücher über Corporate Identity und Corporate Culture, und die meisten sind hanebüchen. Was ist die Corporate Identity von Daimler-Benz, bitte schön? Der Stern? Oder jetzt Jürgen Schrempp? Vielleicht AEG oder Fokker? Was ist die Corporate Culture von Veba? Der Strom oder Stinnes?

Früher hatte man es sich in Deutschland einfach gemacht. Corporate Identity war der Name, das Logo, die Hausfarbe und die Helvetica-Schrift. Überall diese langweilige Helvetica, im

Geschäftsbericht, auf dem Briefkopf, selbst auf Einkaufstüten. Und die Hausfarbe! Bei Banken überall Blau. Von wegen Identity und Hausfarbe. So ein Unsinn. Aber es gibt heute noch ein Seminar nach dem anderen, wo diese veralteten Theorien als neue Erkenntnis verkauft werden.

Es ist bedrückend, wieviel Unsinn in der Werbebranche erzählt wird.

Ich vergesse nie, wie eine Bank in Baden eine neue Hausfarbe entwickelte, die kein anderes Institut hatte. Der Werbeleiter war enorm stolz auf das grünlich-gelbe Gemisch. Bei einem Termin beim Vorstand mußte ich im Vorzimmer bei der Sekretärin kurz warten. Ich sprach sie auf die neue Hausfarbe an, und sie meinte trocken: „Sieht aus wie Gekotztes." Der Werbeleiter war später Referent auf Seminaren über Corporate Identity, hatte er doch eine Farbe erfunden, die niemand, weder vor ihm noch nach ihm, je wieder einsetzte.

Und was Corporate Culture anbetrifft, so wird sie von einigen Experten in einem sogenannten Mission Statement (wieder ein englischer Ausdruck!) zusammengefaßt. Die meisten dieser Elaborate lesen sich wie Klischees mit so beeindruckenden Sätzen wie „Im Zentrum unseres Wirkens steht der Kunde." Donnerwetter, sowas Außergewöhnliches! Kein Wunder, daß diese Dokumente bei den meisten Mitarbeitern nur höhnisches Gelächter auslösen. Es gibt einige wenige Ausnahmen, aber die sind selten bei Großunternehmen zu finden, denn dort werden sie meist von einem Ausschuß formuliert, und der produziert bekanntlich Ausschuß – darum heißt er so, einem alten Kalauer zufolge.

In den 50er Jahren ging man in Amerika so weit, Mitarbeiter anzuhalten, sich auf ganz bestimmte Weise zu kleiden, etwa mit dem berühmt-berüchtigten „Grey Flannel Suit". IBM war dafür das große Vorbild. Diese Firmenuniform – immer mit einem blauen Oberhemd – signalisierte bereits frühzeitig das kommende Desaster. Heute ist in diesem Unternehmen wieder eigene Meinung gefragt wie bei den meisten großen amerikanischen Unternehmen in den 90er Jahren. In Deutschland ist man da noch um ein paar Jahre zurück. Wie sagte doch der junge Angestellte einer Großbank: „Wenn ich um fünf Uhr nachmittags keine Arbeit mehr habe, darf ich trotzdem nicht nach Hause, mein Vorgesetzter meint, dies wäre schlecht für meine Karriere. Also sitze ich bis halb sieben an meinem Schreibtisch und täusche Arbeit vor." Und dies im Jahre 1995!

Vor vielen Jahren saß zufällig der Deutschland-Boß von IBM neben mir auf einer Veranstaltung. Ich fragte ihn nach der Corporate Culture von IBM. Er antwortete wie aus der Pistole geschossen: „Unsere Kultur in Deutschland bei IBM ist ganz anders als in den USA. Wir sind ein von Grund auf deutsches Unternehmen, das einzige, was wir gemeinsam haben, sind die Computer." Also stand fest: Die Corporate Culture von IBM sind die Computer. Ich wußte gar nicht, daß Computer Kultur haben. Aber man lernt ja nie aus.

Es ist bedrückend, wieviel Unsinn in der Werbebranche erzählt wird. So wird zum Beispiel das Thema Imagewerbung immer wieder hochgespielt, wenn ein Unternehmen oder eine ganze Branche der Kritik ausgesetzt ist. Das gibt dann Vierfarbanzeigen, möglichst doppelseitig, in Zeitschriften, und wenn das Image ganz stark angeschlagen ist, darf es auch schon mal ein vierseitiger „Blockbuster“ (wieder ein englisches Wort!) in der Tageszeitung sein, in dem ganz intelligente Menschen zu Wort kommen, um das lädierte Ansehen einer Großbank aufzubessern. Der Erfolg solcher Kampagnen wird an der Zahl der Coupon-Rückläufe oder am Kommentar der Ehefrau des Aufsichtsratsvorsitzenden gemessen.

Bei Börseneinführungen von Unternehmen empfehlen die Experten der zuständigen Banken sogar die erforderliche Anzahl der Anzeigen-Motive und die nötigen Einschaltfrequenzen. Warum dieselben Institute teilweise ein schlechtes Image haben, ist eigentlich schwer verständlich bei soviel Kommunikations-Expertise in den Konsortialabteilungen. Der Experte eines führenden Emissionshauses kritisierte einmal die vom externen Berater vorgeschlagene Anzeigenwerbung, weil ihm der Text nicht paßte. Es war allerdings Blindtext, was der Arme nicht bemerkt hatte.

Diesen Imagekomödianten zufolge können sechs (im halben Dutzend sind sie billiger!) Vierfarb-Anzeigen über ein paar Wochen hinweg ein Image nachhaltig aufbauen. So ein Unfug! Warum dann eine Firma wie IBM über Jahrzehnte hinweg Imagewerbung betreibt, wenn bei kleineren, unbekannten

Firmen sechs Insertionen vor einem Börsengang ausreichen sollen, ist mir ein Rätsel. Aber man soll mit selbsternannten Experten nicht streiten, vor allem wenn sie die göttliche Erleuchtung auf einem Gebiet haben, das nichts mit ihrem Beruf zu tun hat. Es kommen dann so entscheidende Headlines wie „Wir lösen heute die Probleme von morgen“ oder „Wir sind auf dem richtigen Weg“ zustande.

Wenn man diese Art der oberflächendeckenden Werbung in Frage stellt, wird immer die hohe Resonanz als Erfolgsnachweis angeführt. Das erinnert mich an die große Imagekampagne der Midland Bank in den siebziger Jahren. Vierfarb-Doppelseiten in Zeitschriften, ein großes Bild von Europa, quer dar-

Man soll mit selbsternannten Experten nicht streiten, vor allem wenn sie die göttliche Erleuchtung auf einem Gebiet haben, das nichts mit ihrem Beruf zu tun hat.

über geschrieben „Midlandcountry“. Die Kampagne wurde als großer Erfolg gewertet, hatten sie doch bei Befragungen über sechzig Prozent der Leser wahrgenommen. Es spielte dabei keine Rolle, daß die Midland Bank in Europa kaum vertreten war und in den meisten europäischen Ländern gar keinen Service bieten konnte. Der Vorstand war offensichtlich begeistert. Ob er sich vielleicht eher um die Geschäfte hätte kümmern sollen? Tatsache ist, daß die Bank systematisch in die Krise schlitterte, ohne es zu merken.

Ein anderes beeindruckendes Beispiel war die Imagewerbung des Bremer Vulkan-Verbunds mit der englischen Headline „Today for Tomorrow". Die Anzeige erschien in der Financial Times einen Tag bevor der Vorstand gefeuert wurde. Wäre er nicht auf Grund der finanziellen Misere geschaßt worden, hätte man ihn spätestens nach Genehmigung dieser einfältigen Headline abberufen müssen!

Dasselbe gilt für Imagewerbung, welche die Öffentlichkeit von der Umweltfreundlichkeit eines Unternehmens überzeugen soll. Das Geld kann man sich sparen. Die Rechten erwarten, daß sich ein Unternehmen umweltfreundlich verhält; sie brauchen keine überzeugende Werbung. Die Linken schenken dieser Art Werbung überhaupt keinen Glauben. Und die in der Mitte wandern von einer Seite auf die andere, je nach der Berichterstattung in den Medien. Brent Spar läßt grüßen.

Mein Partner und ich hatten angeregte Diskussionen mit dem damaligen PR-Chef von Bayer, der das grüne Kleeblatt als Signal des Umweltbewußtseins seines Unternehmens ins Leben rief. Aufgrund unserer angelsächsischen Erfahrung meinten wir, er werde nur die Aufmerksamkeit speziell auf sein Unternehmen lenken, wenn etwas schiefläuft. Werbung ist übertrieben und größtenteils unglaubwürdig. Sie eignet sich daher kaum für Imageveränderungen in öffentlich breit diskutierten Problemfeldern, es sei denn man greift ein delikates Thema konsequent, quasi im Redaktions- oder Dialogstil auf. Hübsche Äffchen auf Bäumen – vierfarbig – werden das Image der Banken um kein Jota ins Positive verschieben. Höchstens bei Affenliebhabern.

Der PR-Chef von Shell England hatte vor mehr als zwanzig Jahren in einem Vortrag nachgewiesen, daß Imagewerbung seinem Unternehmen nichts als Kosten gebracht hat. Ob die Deutsche Shell diesen Vortrag wohl noch in den Unterlagen finden kann? Eine Aufklärungskampagne über die Entsorgung hätte vielleicht bessere Wirkung erzielt als flotte Sprüche mit realitätsfremden Modellbildern. Die Zeit von „Es gibt viel zu tun, packen wir's an“ ist mit der unfairen, einseitigen Ökoberichterstattung jäh beendet worden. Unternehmen wären gut beraten, wenn sie die Angstschürer nicht mit leeren Phrasen in Imagewerbung bekämpfen würden, sondern mit überzeugenden Fakten. Aber dieser Prozeß ist aufwendig und erfordert viel Zeit und aufklärende Arbeit. Eine Imagekampagne ist viel schneller verabschiedet, wenn der Vorstandsvorsitzende und seine Experten von den schönen Bildern angetan sind!

Texte zu genehmigen scheint dagegen viel aufwendiger zu sein, schreiben doch sehr viele Vorstände ihre eigenen Werbetexte. Kein Wunder, daß die kaum gelesen werden.

Bei Geschäftsberichten ist es genauso. In einzelnen Firmen werden solche Texte von einem Gremium geschrieben und verabschiedet. Dadurch wird letztendlich die Banalität der Aussagen um ein Vielfaches erhöht.

Es gibt wohl kaum einen Beruf, wo so viele Laien sich als Experten ausgeben. Zur Zeit haben die Investor-Relations-Leute Hochkonjunktur, vor allem da das neue Finanzmarktförderungsgesetz, von Nicht-Börsianern geschrieben, für ausreichend große Verwirrung sorgt.

XVIII

WENN GLAUBE DEN VERSTAND ERSETZT

Mein ganzes Leben lang war ich schon immer an Themen interessiert, von denen ich keine Ahnung hatte. In den Pubertätsjahren faszinierten mich die Philosophen. Der kategorische Imperativ von Kant schlug mich mit seiner Logik in den Bann, bis mir klar wurde, daß ich überhaupt nicht verstand, wovon er schrieb. Da war mir Schopenhauer schon lieber, denn bei ihm konnte ich wenigstens noch lachen. Seine bösartige Beschreibung des weiblichen Geschlechts blieb mir in bester Erinnerung: „Das schmalschultrige, breithüftige Geschlecht das schöne nennen, konnte nur der vom Geschlechtstrieb umnebelte männliche Intellekt!" Was passierte wohl mit einem Philosophen, der in der heutigen Zeit solche Sprüche klopft? Wahrscheinlich würde Alice Schwarzer von Emma einen Verbotsantrag in die Wege leiten. Sicherlich mit großem Erfolg.

Nietzsche verleitete mich dazu, von meiner Mutter altes Geschirr zu verlangen, das ich mit höhnischem Gelächter an der Kellerwand zerschmiß, während Pascal mir wieder etwas Vernunft beibrachte. Bertrand Russell hingegen erinnerte mich an die Tatsache, daß Philosophen auch nur Menschen sind und nicht viel mehr wissen als jeder andere. Dabei hatte ich mir immer die Frage gestellt, wieso gerade Deutschland so viele Philosophen hervorbrachte. Offensichtlich liegt die Antwort darin, daß die deutsche Sprache sich hervorragend dazu eignet, einfache Lebensweisheiten in beeindruckenden, komplizierten Phrasen auszudrücken.

Etwas später folgte mein Interesse den verschiedenen Religionen. Da packte mich die Mystik der katholischen Kirche. Die feudalen Kirchen mit kunstvollen Fresken, die farbenprächtigen Fensterscheiben, durch die Sonnenstrahlen auf einen beängstigenden Sarg mit den Knochen eines seit Jahrhunderten toten Heiligen fallen. Der unbequeme Beichtstuhl in dem kleinen Sündenhäuschen. Die gewaltige Orgel mit der breitgefächerten Pfeifenparade. Oder die erhöhte Kanzel, von der der Pfarrer auf die Kirchgemeinde mit Würde und erdrückender Wortgewalt herabpredigt.

Allerdings: Wenn man über den Unfug des Zölibats und ein paar andere unverständliche Auflagen hinwegsieht, ist die katholische Kirche eindeutig ein sicherer Hort in einer Welt ohne Vorbilder. Mehr als jeder andere verkörperte Papst Johannes XXIII. diese bescheidene Lebensweisheit: „Toleranz und Verständnis für die Mitmenschen.“ Wenn doch nur alle Päpste mehr Bescheidenheit und weniger allwissende Arroganz an den Tag legten und gleichzeitig die irdischen Güter, früher verwaltet von Kardinal Marcinkus aus Chicago (!), eine untergeordnete Rolle spielten.

Dagegen sind die protestantischen Kirchen, ihr Einfluß und ihre geistige Macht eher armselig. Als ich vor kurzem eine protestantische Kirche in der Schweiz besuchte, wurde mir eisig kalt. Nichts als Beton und kalte Steine. Keine schönen Bilder, keine farbenprächtigen Fenster, und hinter einem Vorhang eine japanische Digitalorgel. Kein Wunder, daß diese Kirchen meistens leer sind, es sei denn es gibt dort ein Jazz- oder Popkonzert für die Jugend.

Es fällt leicht, über die Kirche zu spotten, wenn man noch jung ist. Aber wenn das Alter fortschreitet, wird mancher wieder zum Gläubigen, selbst wenn es nur darum geht, eine Ruhestätte für seine müden Knochen zu sichern.

Heute beschäftige ich mich überwiegend mit Volkswirtschaft, von der ich soviel verstehe wie von Philosophie oder Religion. Dabei habe ich festgestellt, daß man in Deutschland glaubt, die Qualität der Volkswirte stehe in direktem Verhältnis zur Größe der Kreditinstitute, bei denen sie beschäftigt sind. Offensichtlich sind die Medien auch dieser Meinung, denn Volkswirte von kleineren Instituten kommen nur ganz selten ins Fernsehen.

Die überragenden Köpfe der volkswirtschaftlichen Expertise sind die Zentralbanker, an deren Lippen das ganze Bankenestablishment – mit einigen rühmlichen Ausnahmen – hängt. Dabei haben sie in ihren öffentlichen Äußerungen ein eher beschränktes Vokabular. Vorrangig gilt das Wort Stabilität. Will heißen, daß die Volkswirtschaft stillstehen soll; denn wenn sie

wächst, droht Inflationsgefahr (ein anderes Modewort!), welche sofort mit höheren Zinsen bekämpft werden muß. Was wiederum bedeutet, daß – wenn Geld teurer wird und höhere Zinsen bezahlt werden müssen – alles billiger wird!

Der große amerikanische Zentralbankguru Paul Volcker hatte diese These in den USA eindrucksvoll nachgewiesen. Er erhöhte die Zinsen während der Expansion der Volkswirtschaft, die natürlich Inflation mit sich brachte. Und jeder Inflationsmeldung begegnete er mit immer höheren Zinsen. Zuletzt waren sie in der Nähe von 20 %. Die Folgen waren verheerend. Es folgte selbstverständlich eine der schlimmsten Rezessionen, die Amerika in Jahrzehnten erlebt hatte. Volcker wurde vor allem von den kontinentaleuropäischen Zentralbankern als Held der Inflationsbekämpfung gefeiert. Malcolm Forbes jr., einer der intelligentesten Volkswirte, die ich je das Vergnügen hatte kennenzulernen, nannte Volcker schlicht und einfach einen Dummkopf.

Es ist ein tragischer Irrglaube, daß höhere Zinsen die Inflation dämpfen.

Als ich anfing, mich etwas mit Volkswirtschaft zu beschäftigen, erklärte man mir, Inflation sei das Resultat von zuviel Geld, das zuwenig Gütern nachjagt. Einige Zeit später, als ganze Halden voll neuer Autos standen, Geschirrspüler und Kühlschränke die Lagerhäuser füllten und trotzdem die Inflation Schlagzeilen machte, erfand man ein neues Wort: „Stagflation", was soviel heißt wie Inflation bei stagnierender Volkswirtschaft. Man hatte aber offensichtlich den wachsenden Dienstleistungssektor vergessen.

Für mich war und ist Inflation nichts anderes als der Ausdruck des menschlichen Egoismus im finanziellen Bereich.

Wenn die Menschen mehr fordern, ohne mehr zu leisten, gibt es automatisch Inflation. So einfach ist das. In einer expandierenden Volkswirtschaft werden die Menschen meistens übermütig und fordern mehr Geld. Diese Kostenerhöhungen werden weitergereicht, und es folgt Inflation. Wenn die Zinsen erhöht werden, passiert vorerst dasselbe. Die Erhöhung wird weitergereicht, und anfänglich steigen die Preise noch mehr. Erst wenn die Zinserhöhungen das Geld so teuer machen, daß immer weniger investiert und expandiert wird, folgt die Abschwächung der Volkswirtschaft, die Bürger werden vorsichtiger und fordern weniger. Die Inflation geht zurück.

Es ist ein tragischer Irrglaube, daß höhere Zinsen die Inflation dämpfen. Das Gegenteil ist der Fall. Erst die Angst vor einer Rezession bändigt den Egoismus und somit die Inflation. Zentralbanker, die die Inflation mit höheren Zinsen bekämpfen, sind sich offensichtlich der Gefahren einer nachfolgenden Rezession nicht bewußt genug. Ein Glück, daß die USA zur Zeit keinen Paul Volcker als Chairman der Federal Reserve haben, sondern den umsichtigen Alan Greenspan, der sich in seiner Politik trotz der Dollarschwäche von seinen europäischen Kollegen nicht beeinflussen läßt.

Denn bei Währungsentwicklungen gilt dasselbe Prinzip wie bei der Inflationsdiskussion. Die meisten Experten schwafeln drauflos, ohne ernsthaft nachzudenken. Man empfiehlt bei einer schwachen Währung eine Zinserhöhung. Darum wurde der Yen bei jeder Zinssenkung stärker! Wenn man den meisten deutschen Bankern und anderen Währungsexperten glaubt, ist hauptsächlich das amerikanische Haushaltsdefizit für den schwachen Dollar verantwortlich. Darum war er wohl unter Reagan, bei einem höheren realen Haushaltsdefizit, zeitweise über drei Mark! Wenn nicht das Haushaltsdefizit als Grund angeführt wird, hat man immer noch das große Handelsdefizit auf Lager.

Interessant ist, daß die USA seit ihrer Gründung jedes Jahr, mit ein paar wenigen Ausnahmen, ein Handelsdefizit gefahren haben. Trotz dieser vermeintlichen Schwäche hat sich dieses Land zur einflußreichsten Wirtschaftsmacht der Welt entwickelt. Könnte es sein, daß ein Handelsüberschuß vielmehr als ein Zeichen der Schwäche denn als Zeichen der Stärke gewertet werden sollte? Die Abhängigkeit Japans von den Exporten, also der Kaufkraft der Importländer, spricht Bände über die vermeintliche Stärke eines Handelsüberschusses. Wie wäre es denn, wenn alle Länder Überschüsse hätten?

Sind es doch die beiden Länder Deutschland und Japan, die den Krieg verloren haben, welche die größten Handelsüberschüsse einfahren. Zusätzlich die Länder im Machtorbit der Amerikaner: Taiwan und Südkorea. Was sollen denn die Amerikaner exportieren? Mit Flugzeugen an erster Stelle, mehr Werkzeugmaschinen als die Deutschen und einer Unmenge an Agrarprodukten sind die USA immerhin schon der größte Exporteur der Welt. Sollen sie Autos exportieren? Die werden lokal hergestellt, und Ford und Opel sind keine unwichtigen amerikanischen Automobilhersteller außerhalb der USA. Wie wär's mit IBM-Computern? IBM Frankreich ist ein großer Exporteur dieses Landes! Vielleicht wäre Mineralwasser ein Renner, wie umgekehrt Perrier aus Frankreich. Aber Coke und Pepsi werden doch lokal abgefüllt!

Amerika fährt ein Handelsdefizit, weil es als reiches Land die Güter anderer Volkswirtschaften kaufen kann. Und wenn die exportierenden Unternehmen in Deutschland über den schwachen Dollar jammern, sollen sie doch ihre Ware anderswo anpreisen. Sie haben stolze Zahlen in ihren Geschäftsberichten ausgewiesen, als der Dollarkurs bei über zwei DM stand. Und jetzt sind die defizitären, verschwenderischen Amerikaner an dem schwachen Dollar schuld! Obwohl ihr Haushaltsdefizit im Verhältnis zum Bruttoinlandsprodukt viel geringer ist als das Defizit der meisten anderen großen Industriestaaten, Deutschland inklusive.

Aber schon der ehemalige Bundeskanzler Helmut Schmidt hatte erkannt, daß es sich immer besser macht, wenn der andere schuld ist. Während er den Amerikanern volkswirtschaftliche Lektionen erteilte und sie als größtes Schuldnerland beschimpfte, wuchs die amerikanische Volkswirtschaft mit rasantem Tempo, und Millionen neuer Arbeitsplätze wurden geschaffen, während es gleichzeitig in Europa – vor allem auch in Deutschland – eher rückwärts ging. Immer höhere Steuern, immer mehr Arbeitslose, immer mehr Auflagen, Einschränkungen und immer mehr Reglementierungen. Dabei kann jeder Nachdenkende nachvollziehen, daß jede Steuererhöhung mittel- und langfristig Arbeitsplätze vernichtet.

Interessant ist: Wenn man einen dieser Experten nach der Größe des amerikanischen Haushaltsdefizits befragt, kriegt man meistens eine akkurate Antwort. Man kann ja diese Zahl fast jeden Tag und überall als schlechtes Beispiel hören oder lesen. Aber bis heute konnte noch keiner meine Frage präzise beantworten, wie groß das Bruttosozialprodukt der Amerikaner ist. Offensichtlich ist diese Zahl, die enorm beeindruckend sein muß, weniger wichtig; würde sie doch erlauben, das Haushaltsdefizit im realistischen Verhältnis aufzuzeigen. Aber darum geht es wohl nicht. Es wird alles nachgeplappert, ohne zu hinterfragen.

Sollen mir doch diese hochqualifizierten Experten einmal erklären, wie es kommt, daß Amerika seit dem Zweiten Weltkrieg so dramatisch gewachsen ist, wenn sich das allgefährliche Haushaltsdefizit während des Krieges versechsfacht hat – auf sage und schreibe 270 Billionen Dollar oder 129 % vom Bruttosozialprodukt! Wenn man diese gewaltige Zahl noch um die Inflation bereinigt, ergibt sich ein Defizit von unvorstellbarer Größe.

Ergo spielt nicht die Höhe des Defizits eine Rolle, sondern was mit dem Geld gemacht wird. Ist doch heute, bei einer boomenden Volkswirtschaft, das Defizit ein Bruchteil desjenigen nach dem Krieg.

Während der Wirtschaftsminister in Deutschland von einem kräftigen Wachstum spricht, kriege ich im Juni 1995 von meinem Elektriker ein Rundschreiben mit dem Satz: „Die anhaltende Rezession zwingt uns, unsere beiden Geschäfte zusammenzuführen ..." Ob der Wirtschaftsminister und andere Experten die Zahlen des Einzelhandels nicht verstehen? Denn die sind dramatisch rückläufig.

Jeder Nachdenkende kann nachvollziehen, warum jede Steuererhöhung Arbeitsplätze vernichtet.

Kein Wunder. Jede Steuererhöhung zwingt den Bürger zu Einsparungen, und der Einzelhandel spürt diese Einschränkungen zuerst. Oder soll der Konsument an der Miete sparen? An der Autoversicherung? An der Müllabfuhr, die laut Bild-Zeitung von 270 auf 800 DM pro Familie steigen soll? Die aufwendige Müllpolitik macht sich anscheinend jetzt langsam, aber sicher „bezahlt"!

Der Staat suggeriert uns niedrige Inflation mit einseitigen, irreführenden Statistiken. Der „Economist" wies in einem Artikel auf diesen Mißstand hin mit der Überschrift: „What Inflation would you like, please?“ Würde ein politisch unabhängiges Unternehmen die tatsächliche Inflation bei einer durchschnittlichen Familie in Deutschland ermitteln, so käme man bestimmt auf 6 bis 8 %, während man offiziell von etwas über 2 % spricht.

Jede Steuererhöhung ist inflationstreibend, nicht nur die Mehrwertsteuer. Nur der Staat akzeptiert diese Meinung nicht. Aber wenn ich hundert Mark verdiene und dafür ein Produkt kaufe, das hundert Mark kostet, ist nach einer Steuererhöhung von 10 % auch dieses Produkt um 10 % teurer. Das heißt, daß bei einer Steuererhöhung wie zum Beispiel dem Solidaritätszuschlag für eine steuerzahlende Familie alles um den entsprechenden Steuersatz teurer wird! Und dann wundern sich die Politiker, die von Volkswirtschaft wenig Ahnung haben, daß nach einer Steuererhöhung der Konsum rückläufig ist. Inzwischen hat der „Economist“ in einer Studie festgestellt, daß Müllmänner mehr von den Auswirkungen auf die Volkswirtschaft verstehen als Volkswirte und auch Finanzminister. Die stellen die Rezession nämlich ganz schnell an der abnehmenden Menge von „Luxusmüll“ fest.

Aber der Staatsbetrug ist nicht beschränkt auf falsche Inflationszahlen und irreführende Erklärungen über die Auswirkungen von Steuererhöhungen. Der größte Betrug überhaupt ist die Behauptung, Sparen sei eine Tugend. Dabei ist die dümmste Form des Vermögensaufbaus das Sparen mit dem normalen Sparbuch. Der mickrige Zinssatz wird mehr als aufgezehrt von der Inflation, und das Vermögen wird immer kleiner in effektiver Kaufkraft. Aber es ist verboten, mit dem Argument der Inflation Werbung zu treiben. Denn Politiker haben offensichtlich Angst vor der Wahrheit. Aber früher oder später merkt selbst der Dümmste, daß er laufend betrogen wird mit Schönfärberei und leeren Versprechungen.

Als schlechtes Beispiel werden – wer denn sonst – immer wieder die Amerikaner mit ihrer „ungesund" niedrigen Sparquote angeführt. Aber es wird bewußt die Tatsache verschwiegen, daß dabei Aktiensparen und andere Formen der Vermögensbildung als Grundformen des Sparens nicht berücksichtigt werden. Es wäre interessant, eine echte Bilanz bei den Bürgern aufzustellen. Ein teilweise abbezahltes Eigenheim ist schließlich auch eine Tugend, weil ein Bestandteil des Vermögens, und da sieht es in Deutschland noch sehr dürftig aus; hat hier doch der Hausbesitz noch eine der niedrigsten Quoten unter allen Industriestaaten.

Der größte Betrug ist die Behauptung, Sparen sei eine Tugend.

Die Einstellung zu Geld ist in Europa noch grundsätzlich anders als in den USA. In Amerika dient Geld dazu, es auszugeben, zu kaufen, zu investieren und zu versuchen, es möglichst zu mehren. In Europa wird Geld hauptsächlich noch thesauriert. Konsum wird an den Pranger gestellt. Ein Auto auf

Pump zu kaufen ist in vielen Kreisen noch tabu. Lediglich die Automobilfirmen haben längst gemerkt, daß sich bei den galoppierenden Preisen kaum noch jemand privat ein Auto leisten kann. Also offerieren sie Leasing; das klingt besser als „auf Pump gekauft".

Daß man ein Haus mit einer Hypothek kauft, ist selbstverständlich, aber ein Schlafzimmer oder eine Küche auf Ratenzahlung ist schon was anderes. Wenn der Amerikaner seine neue Küche und sein Schlafzimmer schon genießt, während er noch Raten zahlt, spart der gut erzogene Europäer ein paar Jahre, bis er sich diesen Luxus leisten kann. Inzwischen werden Schlafzimmer und Küchen immer teurer, und das Angesparte hat immer weniger Kaufkraft.

Kein Wunder, daß mit diesem System nur wenig neue Arbeitsplätze geschaffen werden. Aber ich höre schon die Stimmen derjenigen, die ihre Macht erhalten wollen, indem sie Angst verbreiten und Schuld zuweisen. Konsumrausch, unkontrollierbare Verschuldung – als ob der mündige Bürger, der eine Partei wählen darf, nicht fähig sei zu entscheiden, was er wann wofür ausgibt. Nein, er soll tugendhaft sparen. Stabilität ist besser als eine florierende Volkswirtschaft, meinte das Wall Street Journal in einem Seitenhieb auf die tugendhaften deutschen Bundesbanker.

Während die ganze westliche Welt die amerikanische Volkswirtschaft immer kurz vor dem Zusammenbruch sieht, kauft die japanische Post mit Rentengeldern Aktien, um den zusammenbrechenden Aktienmarkt zu stützen. Gleichzeitig geben die japanischen Banken bekannt, daß ihre fragwürdigen Kredite ein Ausmaß angenommen haben, das den Umfang der amerikanischen Savings-and-Loan-Krise um ein Vielfaches übersteigt. Bei den niedrigsten Zinsen überhaupt, einer dramatischen Bankenkrise, einem Kollaps der Börse und einer stagnierenden Volkswirtschaft geht die Landeswährung, der Yen, von einer Stärke zur anderen. Bei den Amerikanern sind die Fundamentals für die Dollarschwäche verantwortlich, bei den Japanern hingegen sind die professionellen Devisenhändler gegenüber denselben Fundamentals blind. Wie lange geht das noch gut, bevor das böse Erwachen kommt?

Für den außenstehenden Betrachter ist schon längst klar, daß der Devisenhandel überhaupt nichts mehr mit Fundamentals zu tun hat. Er ist ein einziges globales Casino, wo jeder hofft, das große Geld zu verdienen. Vielleicht wäre es an der Zeit, darüber nachzudenken, wie dieser gigantischen Geldvernichtungsmaschine Einhalt zu gebieten ist.

Wenn die Zentralbanker arbiträr Zinsen festlegen, wäre es dann vielleicht das kleinere Übel, wenn sie regelmäßig auch die Währungsparitäten festlegen würden, so zum Beispiel alle sechs Monate. Inzwischen könnten die Spekulanten wüten und – wie bei der Einschätzung der Zinsen – durch Schieflagen merken, daß sich Exzesse nicht lohnen.

Wenn ein einzelner Spekulant wie Soros stolz darauf sein kann, das Pfund gebrochen zu haben, stimmt etwas mit dem

System nicht. Da es keine perfekte Lösung gibt, sollte man vielleicht etwas eindämmend wirken. Interventionen von Zentralbanken haben einen gewissen Einfluß, wie inzwischen nachgewiesen wurde. Aber Zentralbanken sollten nicht mit Steuergeldern spekulieren. Die Interventionen der Banque de France, um den „franc fort“ zu stützen, haben die Franzosen viel Devisen gekostet. Die Fehleinschätzungen der Experten sind absolut faszinierend.

Amerika liegt wieder an erster Stelle mit Investitionen aus dem Ausland. Im Jahre 1994 haben sich die Direktinvestitionen beinahe verdreifacht, trotz oder vielleicht gerade wegen des schwachen Dollars. Auf alle Fälle dokumentiert dies das Vertrauen der Investoren in die amerikanische Volkswirtschaft. Die Direktinvestitionen in Deutschland dagegen waren im selben Jahr sogar negativ. Kein gutes Omen für die Zukunft.

Als im letzten Quartal der Präsidentschaft von George Bush die Volkswirtschaft bereits mit mehr als 5 % wuchs, wähnten die Experten und die Medien Amerika noch in einer Rezession. Jetzt, bei einem Wachstum von noch über 2,5 %, sprechen dieselben Schwarzmaler wieder von Rezession. Es macht den Eindruck, daß schlechte Nachrichten, auch was die Volkswirtschaft betrifft, sich besser verkaufen lassen als gute. Untergangspropheten haben immer mehr Geld verdient als Optimisten. So hatte ein Sektenführer in Amerika diese These zur Kunst entwickelt. Er ließ seine Anhänger wissen, daß Geld schlecht sei und Verderben bringe. Also brachten sie ihm ihr Geld, und er lebte in Saus und Braus. Ähnlich wie unsere Politiker. Sie reden von „Gürtel enger schnallen“ und essen noch zwei Saumagen dazu, während sie gleichzeitig ihre eigenen Diäten erhöhen. Soll doch der dumme Bürger sparen, während die Regierung wieder ein paar Milliarden mit einem staatlich finanzierten Bau in den Sand setzt. Von wegen Schneider-Affäre! Von diesen Milliarden, die in Bonn in den Rhein geworfen werden, spricht man nicht.

Der Bundeskanzler hielt auf der gut gelungenen Jubiläumsfeier der Commerzbank, wo auch Frauen dabeisein durften, eine überzeugende Rede und erntete viel Applaus. Er sprach von Steuerentlastung, innerer Sicherheit, Honorierung der Leistung. Er kritisierte die Einseitigkeit der Medien und daß einem Tennisspieler viel mehr Zeit als einem Bundeskanzler im Fernsehen eingeräumt werde. Alles Themen, die bei dem ausgewählten Publikum gut ankamen. Hinter mir saß ein älterer seriöser Herr mit seiner Gattin. Er quittierte jede wichtige Aussage des Kanzlers über Steuerentlastung, innere Sicherheit, Honorierung der Leistung und vieles andere mit den lauten Worten: „Mach' endlich, red' nicht soviel.“

Offensichtlich hatte er erkannt, wer für die heutige Situation verantwortlich ist: die höchste Steuerlast, ein enormes Haushaltsdefizit, hohe Arbeitslosigkeit, Abwanderung der Industrie, niedrige Auslandsinvestitionen, beängstigende Kriminalität, Zerfall der Innenstädte und die mit Haß geschürte Angst um den Mißbrauch der Natur durch die Industrie, den Konsumenten überhaupt, den Verbraucher von Benzin, Elektrizität und anderer Energie.

Extremismus in jeder Form ist gefährlich. Die geschürte Angst der Deutschen um ihre Umwelt, die der Kanzler politisch geschickt im Zusammenhang mit den Vorgängen um die „Brent Spar" von Shell weiter angeheizt hat, könnte international größeren Schaden anrichten als die immer wieder aufgewärmte Vergangenheit. Man spricht im Ausland von einer Nation, die geeint ist in einer rasenden Umweltrechthaberei (schreibt die Washington Post). Wollen wir schon wieder, daß die Welt an unserem Wesen genesen soll?

Umweltbewußtsein, die Natur nicht als selbstverständlich nehmen, die Ressourcen mit Bedacht einsetzen, ja. Aber Effekthascherei mit Angst und Schuldgefühlen ist der Anfang von Diktatur.

Man suggeriert in Deutschland den Weltuntergang durch das Waldsterben, das Ozon, den Treibhauseffekt, Rinderwahnsinn, die Verseuchung durch Kernenergie und vieles andere. Gleichzeitig wird verschwiegen, was es im Endeffekt den Bürger kosten wird, wenn die Elektrizität aus anderen Ländern importiert werden muß. Wenn die Gentechnologie nur im Ausland stattfindet. Wenn die Umweltauflagen um ein Vielfaches höher sind als in den Nachbarländern. Dieser typisch deutsche Übereifer, diese Schwarz-Weiß-Malerei könnte das Land teuer zu stehen kommen.

Etwas mehr sachliche Diskussion in der Politik, ohne sich jeweils an die aktuellen Trends anzuhängen, wäre dringend nötig. Der schwedische Sozialismus ist an einem falschen idealen Weltbild gescheitert. Deutschland sollte nicht an einem falschen Umweltbild scheitern. Ohne Auto, ohne Kernkraft, ohne Chemie, ohne Tierschlachtung, ohne modernes Leben wird die Umwelt nicht besser. Oder sind Menschen im Mittelalter nicht an furchtbaren Seuchen verreckt, gegen die sogar Aids oder Krebs als weniger lebensbedrohend für die breite Masse erscheinen?

Umweltbewußtsein, die Natur nicht als selbstverständlich nehmen und Ressourcen bedächtig einsetzen, ja. Aber Effekthascherei mit Angst und Schuldgefühlen ist der Anfang einer Diktatur. Wenn Ökonazis bereit sind, Gewalt anzuwenden, um ihre Vorstellungen durchzusetzen, dann ist dies genauso gefährlich wie bei den Nazis der extremen Rechten. Die Sorgen des Auslandes sind in dieser Hinsicht nicht auf die leichte Schulter zu nehmen. Der durchschnittliche Deutsche ist genausowenig ein Ökonazi, wie unter Hitler die große Volksmenge aus echten Nazis bestand. Aber eine intolerante Minderheit kann auch ohne Konsensus an die Macht kommen, vor allem wenn mit Angst operiert wird.

XIX

LEISTUNGS-LUST ODER REGLEMENTIERUNGS-FRUST?

Das Thema Arbeitslosigkeit ist heute in Europa in aller Munde. Die meisten Regierungen aber verlassen sich wiederum auf alte Rezepte, die auch in der Vergangenheit nicht viel gebracht haben. Arbeitsplatzbeschaffung durch den Staat oder mit staatlichen Eingriffen bringt letztendlich das gegenteilige Resultat. Aber die volkswirtschaftlichen Experten in den meisten europäischen Regierungen sind vollkommen unempfänglich für den Begriff „Lust an der Leistung". Die neue Regierung Chirac in Frankreich geht wieder in der alten Richtung, und es ist bereits programmiert, daß sie damit scheitern wird.

In den letzten 25 Jahren ist die Arbeitslosenquote in Europa kontinuierlich gestiegen, während sie in den USA im typisch zyklischen Rhythmus verlaufen ist. Dort lag sie in den letzten 10 Jahren im Durchschnitt bedeutend unter der in Europa. Aber die Europäer wollen nichts von den Amerikanern lernen, sind sie doch überzeugt, daß es sich vorrangig um „McDonald's-Jobs" handelt, die da geschaffen werden. Die McKinsey-Studie und die Zahlen der OECD weisen allerdings ein ganz anderes Bild auf. Die Studie dokumentiert, daß in den USA eine große Anzahl von qualifizierten Arbeitsplätzen geschaffen wird, während in Europa Protektionismus und Überregulierung das Wirtschaftswachstum bremsen. 80 Prozent der neu geschaffenen Arbeitsplätze in den USA von 1980 bis 1990 entstanden in der professionellen technischen, administrativen oder Management-Kategorie, während diese Rate in Deutschland nur halb so hoch war. In der weniger qualifizierten Kategorie hingegen wurden in Deutschland enorm viele Arbeitsplätze vernichtet.

Es dürfte inzwischen den meisten nicht entgangen sein, daß die Arbeitsplätze der Zukunft im Dienstleistungsbereich angesiedelt sein werden. Dazu gehören die Computer-Industrie einschließlich innovativer Software, Vertriebsstellen, Finanzdienstleistungen, Medien, Einzelhandel und vieles andere mehr. Es ist offenbar wenig bekannt, daß beinahe die Hälfte aller Arbeitslosen in Deutschland eine Lehre absolviert hat, was früher noch als Garantie für einen Arbeitsplatz angesehen wurde. Trotz dieser Fakten wird von den Medien immer wieder suggeriert, daß es in den USA mehr Armut gäbe als in Europa.

Darüber gibt die Luxemburger Einkommens-Studie von Michael Foerster etwas genauere Auskunft. Auf der Basis vergleichbarer Daten beträgt die Quote von Personen unter der Armutsgrenze in den USA 18,4 % gegenüber 20,4 % in Frankreich, über 30 % in Italien und 18,6 % in Deutschland. Die Genauigkeit der vergleichbaren Zahl in Italien leidet sicherlich besonders unter den nicht vorhandenen Ziffern für die Schattenwirtschaft; das heißt, es ist sehr wahrscheinlich, daß die Armut in Italien geringer ist, als die offiziellen Daten ausweisen.

Eine systematische Liberalisierung der europäischen Volkswirtschaften mit mehr Konkurrenz, weniger Auflagen, weniger einschränkenden Gesetzen und drastischen Steuersenkungen würde große Kräfte freisetzen, die Lust an der Leistung steigern und mittelfristig den trägen Staatsapparat zurückdrängen, zum Vorteil der freien Marktwirtschaft.

Aber zur Zeit sieht man überall in Europa eine Entwicklung in der anderen Richtung. Es gibt nicht nur immer neue Auflagen der Bundesregierung, auch Brüssel produziert immer mehr unnötige Reglementierungen. Ein zuständiger Beamter im bayerischen Wirtschaftsministerium versicherte mir, jeder Abflußdeckel, der im Freistaat eingesetzt werde, müsse zusätzlich von Brüssel genehmigt werden, weil er subventioniert sei. Er meinte, der zusätzliche Papierkram verursache mehr Kosten als der Deckel selbst. Und das ist nur eines von tausend unsinnigen Beispielen.

Ein cleverer Tankstellenpächter fing an, frische Brötchen zu verkaufen, die er in der Nacht backen ließ. Der Zulauf war groß, aber das Verbot kam umgehend, gibt es doch ein Nachtbackverbot! Das Gesetz datiert aus dem Jahre 1935. Verkaufswerbung im Fernsehen, nachts, wenn die Sender billige Sendezeiten zu verkaufen haben? Verboten! Wieso soll es dem Bürger erlaubt sein, nachts von seinem Sofa aus etwas zu bestellen, was er haben möchte? Da braucht man einen Satelliten, um die angelsächsischen Sender zu empfangen, wo man auch um 4 Uhr morgens ein Teppichputzmittel bestellen kann (selbst wenn es nicht viel taugt).

Wer soll denn all die Jurastudenten nach ihrem Abschluß einstellen? Die Betriebswirte? Die Sozialwissenschaftler?

Die Franzosen wollen Brüssel sogar dazu bringen, daß der Import von Filmen und Fernsehprogrammen aus Amerika eingeschränkt werden sollte, um das europäische Kulturgut zu schützen. Sollen sie doch bessere Filme machen, die das Publikum sehen will, anstelle der von den Kultusministerien gesponserten, die niemanden interessieren. Kein Wunder, daß die guten europäischen Filmemacher nach Hollywood ausgewandert sind!

Auch was die Ausbildung betrifft, sind grundlegende Änderungen nötig. Es kann doch nicht im Interesse der Allgemeinheit sein, daß junge Menschen teilweise studieren, bis sie über 30 sind. Und anschließend werden sie mit einem unbrauchbaren Abschluß auf den Arbeitsmarkt losgelassen, der längst ganz andere Bedürfnisse hat. Wer soll denn all die Juristen nach ihrem Abschluß einstellen? Die Betriebswirte? Die Sozialwissenschaftler?

Viele junge Menschen studieren, weil ihre Eltern es wünschen; es gehört zum guten Ton. Viele jedoch sind desinteressiert, wechseln ihr Studienfach und wären lieber berufstätig. Aber sie werden unter Druck gesetzt und haben Angst, ohne Abschluß nur halb soviel wert zu sein. Hätten sie die Gelegenheit, frühzeitig Leistung nachzuweisen, könnten sie viel eher im Berufsleben erfolgreich sein und würden vielleicht mit 30 schon gutes Geld verdienen, anstelle auf Kosten der Eltern ewig zu studieren. Spezialisierung ist heute gefragt, weniger Allgemeinwissen. Mit dem Wissen, daß die Schlacht bei Salamis im Jahre 480 v. Chr. stattgefunden hat, läßt sich im Leben wenig Geld verdienen.

Ich habe während meines Studiums kaum gelernt, selbständig zu denken. Man hat mir eingetrichtert, was ich auswendig lernen mußte, um die Prüfungen zu bestehen. Nur ein Professor zeigte mir die Lust an der Leistung, unser russischer Mathematikprofessor. Die typischen Schweizer Professoren, genau wie die meisten deutschen, verstehen es nicht, ihren Studenten Freude am Lernen zu vermitteln. Sie verstehen sich vielmehr als langweilige Einpauker.

An den Universitäten in den USA beurteilen die Studenten auch die Professoren, und das Leistungsdenken ist weit verbreitet. Auch arbeiten die Universitäten dort eng mit der Industrie und dem Dienstleistungsgewerbe zusammen, zum großen Vorteil der Zukunft von jungen Menschen und der Volkswirtschaft. Silicon Valley ist nicht rein zufällig in der Nähe der Stanford-Universität und der Verteidigungsindustrie. Lediglich

Deutsche Ban

in Bayern hat man diese Vorteile auch erkannt, und es ist nicht außergewöhnlich, daß das Business eng mit den Universitäten zusammenarbeitet. In den rot-grün regierten Ländern gewinnt man eher den Eindruck, daß die Universitäten gegen das Business Establishment Front machen. Wenn man das Modell Bremen betrachtet, so hat diese Einstellung dem Land viel Schulden und wenig neue Arbeitsplätze gebracht. Aber viele Professoren und Lehrer haben eine ganz präzise Meinung von Unternehmern und Spitzenmanagern; sie werden gleichgesetzt mit Ausbeutern. Man braucht nur ein Schulbuch in Hessen zu lesen, um diese Einstellung zu konstatieren. Lust an der Leistung oder Frust am Arbeitsplatz? Die Einstellung des einzelnen entscheidet letztlich, aber der staatliche Eingriff in der Form von konfiskatorischen Steuern setzt maßgeblich den Rahmen für die mittel- und langfristige Entwicklung.

Bekanntlich gibt es in Amerika viel weniger Urlaub als in Deutschland, aber dies soll nicht darüber hinwegtäuschen, daß dort sehr viel für die Motivation der Mitarbeiter getan wird, was hier als geldwerter Vorteil versteuert werden muß.

So hatte zum Beispiel mein Arbeitgeber, das Wall Street Journal, jedes Jahr gesamte Abteilungen für mehrere Tage auf Seminare eingeladen, wo Freizeit großgeschrieben wurde. So verbrachten wir auch einige Tage in Disneyland auf Firmenkosten. Aber in Deutschland ist nicht einmal ein Abendessen mit einem Mitarbeiter zur Motivation und zum Gedankenaustausch steuerlich zugelassen. Der Fiskus erkennt auch kein Wochenende im europäischen Disneyland in der Nähe von Paris an.

Offensichtlich hat noch keiner der zuständigen Politiker oder Beamten ein mittelständisches Unternehmen geführt, sonst wüßte er, wieviel solche Reisen und Treffen zur Motivation und Anhebung der Leistung beitragen. Solche unternehmerischen Initiativen sichern Arbeitsplätze und schaffen zusätzlich neue, und sei es auch nur im Gaststättengewerbe, was jedoch für ein Land von größter Wichtigkeit ist.

Kein Wunder, daß es lohnender ist, sich vier Wochen krankschreiben zu lassen.

Aber Motivation, Arbeitseinsatz, Stolz auf die Arbeit sind für viele Fremdwörter geworden. Kein Wunder, wenn es lohnender ist, sich wochenlang krankschreiben zu lassen, oft wegen der geringsten Wehwehchen. Vier Wochen krankgeschrieben wegen Streß am Arbeitsplatz mit freier psychiatrischer Behandlung! Zwei Wochen krankgeschrieben wegen Rückenschmerzen! Wie war es in der Aufbauphase Deutschlands? Streß, Rückenschmerzen und vieles andere mehr waren an der Tagesordnung. Man war froh, daß man einen Arbeitsplatz hatte. Heute glauben viele, das Unternehmen sei ihnen den Arbeitsplatz schuldig.

Und dann gibt es noch die ganz Schlauen. Sie sind ewig arbeitslos, sind fit am Stammtisch, fahren mit dem Taxi zum Arbeitsamt, während der Dumme für weniger netto um sechs

Uhr früh zum Arbeiten aufsteht. In Hollywood sind früher sogar die Stars mit ihren Edellimousinen vorgefahren und haben zwischen den Drehpausen Arbeitslosengeld kassiert. Kellner haben im Sommer in einem Staat gearbeitet, in einem anderen im Winter und ihr Arbeitslosengeld in beiden Staaten für ein halbes Jahr kassiert.

Überall mangelt es heute an Personal im Dienstleistungsgewerbe, aber vielen Arbeitslosen würde es nicht im Traum einfallen, etwas zu leisten. Es ist an der Zeit, daß Langzeitarbeitslose ihren Anspruch auf Unterstützung verlieren und wieder zur Arbeit gezwungen werden können, was immer an Arbeit vorhanden ist. Es ist unfaßbar, daß die Arbeitenden solche Faulpelze unterstützen sollen. Menschen, die tatsächlich keine Arbeit finden oder nicht arbeiten können, sollten einzeln betreut werden, um ihnen zu helfen. Dies geschieht aber nicht in der Anonymität einer zentral gesteuerten Behörde, sondern sollte in den Wohngemeinden gelöst werden, wo der Arbeitslose ein ihm bekanntes Umfeld hat.

Mit der Krankenkasse ist es kaum anders. Es gibt mehr als genug Menschen, die auf Kosten anderer das System ausnutzen. Als meine Frau in England zum Zahnarzt ging, kam sie abends am Boden zerstört zurück. Der Zahnarzt hatte ihr gesagt, daß fünf Zähne gezogen werden müßten. Ich erzählte diese Geschichte am nächsten Morgen meiner Mitarbeiterin, einer Engländerin, und sie fragte mich nach dem Namen des Arztes und ob meine Frau privat oder auf Kasse zur Behandlung gegangen sei. Ich bestätigte, daß sie auf Kasse beim

Zahnarzt war, und sie klärte mich auf, daß Kassenzahnärzte es vorziehen, Zähne zu ziehen statt sie zu füllen, weil sie dafür vom Staat mehr Geld kriegen. Meine Frau ging daraufhin in private Behandlung, und kein einziger Zahn mußte gezogen werden. Das System wurde später abgeändert, um diesem und anderem Mißbrauch einen Riegel vorzuschieben. Ein Angestellter beispielsweise hatte schon das vierte Gebiß, und an jedem hatte er etwas auszusetzen. Ob er sich wohl beklagt hätte, wenn er selber dafür hätte bezahlen müssen? Der Egoismus des Menschen mißbraucht viele der sozialen Einrichtungen, und deshalb sind Kontrollen und Einschränkungen dringend notwendig, wie die Erfahrung in allen Ländern mit ausgebauten Sozialsystemen zeigt.

Kein Wunder, daß viele Bürger, die etwas leisten, ihr Erspartes nach Luxemburg bringen.

Es ist unverständlich, daß ein reicher Junggeselle dieselben Sozialleistungen erhält wie eine arme Witwe. Die Sozialisten sträuben sich gegen den Einkommenstest, obwohl bei jedem die Steuer nach der Höhe seines Einkommens festgelegt wird. Wieso soll jemand, der gutes Geld verdient, für seine Krankenkasse nicht selbst bezahlen? Und wieso ist es nicht möglich, daß bei einer bestimmten Einkommensgrenze alle Sozialleistungen entfallen? Kein Wunder, daß es Bürger gibt, die einen Mercedes 500 vor ihrer Sozialwohnung parken können. Von

Asylanten, die nicht arbeiten dürfen und alles gratis bekommen, ganz zu schweigen. Wieso sollen Asylanten nicht arbeiten? Hätten sie Arbeit, wäre weniger Zeit für unwillkommene Freizeitbeschäftigungen, die teilweise auch krimineller Art sind, um mehr Geld ausgeben zu können. Ein ganz normaler menschlicher Charakterzug.

Es wird am hellichten Tag in Kneipen geprügelt, während der solide Bürger der Arbeit nachgeht und für diese Asozialen Steuern bezahlt. Milliarden und Abermilliarden werden für diese falsche Politik zum Fenster herausgeworfen. Kein Wunder, daß viele Bürger, die etwas leisten, ihr Gespartes nach Luxemburg bringen, weil sie der Auffassung sind, jetzt sei es genug. Es ist mehr als verständlich, daß gerade auch Rentner um ihr Erspartes bangen und Wege suchen, ihr Geld in Sicherheit zu bringen.

Wenn dann der Staat mit flächendeckender Fahndung nach den Geldanlagen einschreitet, ist dies ein Armutszeugnis. Denn wenn in einer Demokratie mit Angst gearbeitet wird, dann ist es höchste Zeit, daß das System verändert wird. Kein Wunder, wenn viele seriöse Medien dem Steuerbürger Anleitung geben, wie man sich bei einer Fahndung verhalten soll. Es sind also nicht nur ein paar schwarze Schafe, sondern Millionen von soliden Bürgern, die es satt haben, für Faulenzer und Drückeberger zu arbeiten.

Enttäuschend war im Falle der flächendeckenden Steuerfahndung die Haltung der betroffenen Finanzdienstleister. Nicht nur, daß die meisten ihre Kunden widerstandslos den Wölfen vorgeworfen haben, sondern sie beteuerten auch ihre Unschuld. Die Fahnder zu beschimpfen war das einzige, was sie wagten, als ob diese ihre Pflicht ausführenden Beamten für die Steuergesetze verantwortlich wären! Aber die Regierung zu kritisieren, solidarisch mit ihren Luxemburger Kunden, dafür fehlt ihnen teilweise das Rückgrat. Der Telekom-Auftrag für den Börsengang ist schließlich kein schlechtes Geschäft, und das Finanzministerium hat in dieser Sache ein gewichtiges Wort mitzusprechen.

Je höher der Steuersatz, um so geringer die Steuermoral. Dagegen hilft kein Angstregime. Ganz im Gegenteil, der Staat verliert dadurch den Respekt auch auf anderen Gebieten, und die Ellbogenmentalität wird immer mehr gefördert.

XX

PARTEIEN, POLITIK UND POPULISMUS

Die deutsche politische Landschaft stimmt zuversichtlich für die Zukunft. Bundeskanzler Kohl wurde mit einer knappen Mehrheit wiedergewählt, obwohl seine Politik wenig konkrete Konturen aufzuweisen hatte. Weder links noch rechts. Weder pro noch contra. Alles immer wischi-waschi. Wäre Schröder an der Spitze der Sozialdemokraten gewesen, hätten diese eindeutig gewonnen. Der Mann hat Format, Charisma und Chuzpe. Er ist bereit, seine Meinung zu ändern. Er ist zu Kompromissen fähig, und zusätzlich hat er enorm viel Charme.

Auf einer Veranstaltung in Hannover sprach ich ihn an, stellte mich als Schweizer vor und sagte ihm, daß er für mich den Franz Josef Strauß der Linken darstelle. Er lächelte freundlich. Und auf meine Frage, wieso er nicht in Bonn an die Spitze komme, meinte er süffisant: „Die lassen mich nicht." Eindeutig ist, daß die SPD ohne eine Galionsfigur wie Schröder oder Rau absolut keine Chance hat. Ebenso klar ist die Tatsache, daß Scharping weder Charisma noch Chuzpe hat. Sein schöner Bart hilft ihm da auch nicht weiter.

Die FDP ist eine Partei der Unprofilierbaren. Weder rechts noch links, weder leistungsorientiert noch sozialistisch. Kinkel ist sicher ein aufrichtiger und ehrlicher Politiker, ein Mann, den man gern als Nachbarn hätte. Aber als Spitzenmann seiner Partei war er ohne machtorientiertes Profil, das eine conditio sine qua non ist in einer langweiligen Demokratie. Möllemann, der opportunistische Schwätzer, wäre der FDP wahrscheinlich sogar ganz gut bekommen. Wenn diese profillose Partei nicht endlich konkret Stellung bezieht, wird sie nie mehr auf einen grünen Zweig kommen. Große Parteien können Flügelkämpfe verkraften, kleine müssen sich klar und deutlich profilieren. Die FDP als erklärte, engagierte Partei der Leistungsträger, der Autofahrer, als Partei der Steuersenkung hätte eine echte Chance.

Die Grünen sind überall dort noch im Aufwind, wo ihre Politik noch keine volkswirtschaftlichen Bremsspuren hinterlassen hat. In Bremen, in Frankfurt sind sie bereits auf dem absteigenden Ast, denn die Resultate ihrer Politik sind schon länger erkennbar: Abwanderung der Industrie, mehr Verkehrsprobleme, erhöhte Arbeitslosigkeit, mehr Drogenkonsum und mehr Verbrechen. Die Statistiken der rot-grünen Städte sprechen eine klare Sprache.

Die CSU wäre die ideale Partei für die moderate Rechte. Aber sie ziert sich noch, überregional zu gehen. Das Argument, sie müsse als Partei ihren bayerischen Charakter beibehalten, ist nicht stichhaltig, denn Waigel ist schließlich der respektierte Finanzminister aller Deutschen. Die CSU könnte überregional bestimmt über 20 % der Stimmen gewinnen, mit Stoiber an der Spitze und dem entsprechenden weiblichen Stimmenplus vielleicht noch mehr. Schließlich hat der Macho Franz Josef Strauß in der Bundeswahl auch nicht schlecht abgeschnitten, trotz Bierbauch, rotem Gesicht und der „Spiegel"-Neurose.

Was die CDU betrifft, wäre es angebracht, endlich zu erfahren, in welcher Richtung sie weiter zu marschieren gedenkt. Nach links? Dann danke schön. Nach rechts? Dann bitte mit wem? Zur Zeit überragt Gottvater Helmut Kohl alles. Ein brillanter Taktiker, ein gewitzter Redner, ein Politiker mit Format, aber ohne Überzeugung, ohne klare politische Haltung. Ein begnadeter Populist, ein idealer Segler, der den entsprechenden Wind immer zu seinem Vorteil einsetzt.

Die ideale Kombination der Zukunft? CDU 27 %, CSU überregional 23 %, FDP 9 %, SPD 33 % und die Grünen 8 %. Die Republikaner taugen nichts, die PDS ist eine traurige Komödie, und der Rest zählt nicht. Sollte sich die FDP zur Leistungspartei durchringen, dann wäre auch ein anderes Szenario für Deutschlands Zukunft wünschenswert: FDP 14, CDU 34 und CSU 17 und SPD 35 %. Die CSU wird spätestens dann überregional gehen müssen, wenn ihre Vorherrschaft in Bayern abnimmt.

„Alles kommt von Amerika, früher oder später", sagte der Mittelständler im hohen Norden. Spätestens wenn die Steuerlast auch bei den Hausbesitzern noch höher steigt, Sicherheit nur mit Privatgeld gekauft werden kann, ausländisches Gesindel sich noch mehr verbreitet, wird der wahlfaule Mittelstand wieder zur Urne gehen.

Reagan kam an die Macht in Kalifornien, als die Hausbesitzer immer mehr geschröpft wurden und der träge Mittelstand endlich wieder zur Urne ging. Die Demokraten wurden im Kongreß nach vierzig Jahren hinausgeworfen, nachdem der Mittelstand von den Auflagen aus Washington genug hatte. Alles wurde reguliert! Das Aussetzen von Wölfen eingeschlossen, als Umweltexperiment, in der Nähe von Farmland. Selbstverständlich mit Steuergeldern.

**Daß jemand,
der 200 000 Mark verdient,
Kindergeld kassiert,
ist ein Hohn für jeden
kleinen Steuerzahler.**

Eine Umfrage bestätigt: 30 % der Amerikaner betrachten staatliche Reglementierung und Steuern als die größten volkswirtschaftlichen Probleme. In Deutschland sind es nur 15 %, während 63 % die Arbeitslosigkeit als größtes Problem ansehen. Die entsprechende Zahl in Amerika beträgt nur 19 %. Spätestens wenn die Deutschen merken, daß die Ursache der hohen Arbeitslosigkeit die hohen Steuern und die staatlichen Eingriffe sind, wird sich das Blatt auch hier drastisch wenden. Die Zeichen stehen gut.

Neid, Gleichmacherei, Kritik am Geldverdienen sind die Feinde einer gesunden Volkswirtschaft. Die jüngere Generation, verwöhnt von ihren Eltern, muß langsam auf eigenen Beinen stehen und merken, daß Geldverdienen für den erwarteten Lebensstandard notwendig ist. Und wenn sie erben, werden sie auch die konfiskatorische Erbschaftsteuer zu spüren kriegen. Das ist ein zusätzliches Wählerpotential, um diesen staatlichen Diebstahl zu kippen.

Nicht Abbau des Sozialstaates heißt die Devise der Zukunft, sondern Abbau des Mißbrauchs und Bezahlung der Leistungen durch diejenigen, die über das notwendige Einkommen verfügen. Daß jemand, der 200 000 DM im Jahr verdient, Kindergeld kassiert, ist ein Hohn für jeden kleinen Steuerzahler. Dies ist nur eines von tausend Beispielen. Von den Subventionen an die Großindustrien wollen wir gar nicht reden. Kein Wunder, daß sie teilweise so marode sind! Geldgeschenke jeder Art führen meistens zu Korruption. Der weltweite Betrug mit Agrargeldern des Staates ist nur die Spitze des Eisberges. Dasselbe gilt beispielsweise in der Verteidigungsindustrie, wo dem Staat Produkte geliefert werden, die im freien Markt zu einem Bruchteil des geforderten Preises erhältlich sind.

Als ich mit der amerikanischen Armee in Panama war, wurden aus der Schweiz kleine Hermes-Schreibmaschinen geliefert, wahrscheinlich damit die Soldaten im Dschungel Liebesbriefe schreiben konnten. Die Schreibmaschinen kamen aber nie zur Auslieferung, weil die Farbbänder fehlten. Eine Thermosflasche für die Armee zum Geld von fünfen aus dem Supermarkt ist nichts Außergewöhnliches. Würden Beamte nach Leistung bezahlt und Boni kriegen, hörte dieser Unfug über Nacht auf.

Aber nein, sie werden so schlecht bezahlt, daß sich viele bestechen lassen müssen, um einigermaßen über die Runden zu kommen. Was ist dies für ein Staat, der einen Polizisten so miserabel entlohnt, daß jeder Drogenhändler ihm eine lange Nase machen kann? Spione kriegen Tausende, Polizisten Pfennige. Wieso können die privaten Gelder für Sicherheit nicht in die Taschen der Polizei fließen? Brauchen wir tatsächlich zusätzliche private Sicherheitsorganisationen? Selbstverständlich, wenn die Polizei angehalten wird, Radarfallen zu bedienen, anstatt für Sicherheit zu sorgen. Als Polizist würde ich allerdings auch das erstere vorziehen. Es ist ungefährlich, und bei dem Hungerlohn wäre ich auch nicht bereit, jeden Tag mein Leben zu riskieren.

Sollen doch diejenigen, die sich gegenseitig umbringen, ihren Wiederaufbau selbst bezahlen.

Elite-Sicherheitstruppen kosten Geld, aber das haben wir bekanntlich nicht. Nach den knapp 100 Milliarden für die Russen müssen wir wahrscheinlich Milliarden für den Wiederaufbau des früheren Jugoslawien blechen. Oder die EU braucht zusätzliche Milliarden, um den Beamtenapparat in Brüssel noch ineffizienter aufzublähen.

Kein Wunder, daß über 70 % der Amerikaner die Auslandshilfe einschränken wollen. Sollen doch diejenigen, die sich gegenseitig umbringen, nachher ihren eigenen Wiederaufbau bezahlen, mit Eigenleistung. Die Europäer mußten dies auch tun nach den verschiedenen Kriegen. Die Marshallhilfe war der erste Schritt in die falsche Richtung. Kaum jemand ist heute den Amerikanern dafür dankbar. Ganz im Gegenteil, man lamentiert heute in allen Medien über die furchtbare Zerstörung von Dresden. Gewiß ein schreckliches Ereignis. Aber Krieg ist Krieg. Halbherzig geführte Kriege lassen ein Volk verbluten. Die Amerikaner haben dies spätestens nach Vietnam entdeckt. Während des Koreakrieges waren sie noch blauäugig.

Das europäische Theater im früheren Jugoslawien spricht Bände über die Unfähigkeit der Politiker, den Realitäten eines Krieges in die Augen zu schauen. Wäre ich deutscher Soldat, würde ich eher desertieren als mich ohne Schutz von unfähigen Politikern an einen Kriegsschauplatz schicken zu lassen. Der blaue Helm bietet nicht mehr Schutz als ein grauer, ganz im Gegenteil, wie der UNO-Einsatz in Ex-Jugoslawien zeigt.

Der Vorsitzende des US-Senatsausschusses für Außenbeziehungen, Jesse Helms, meinte zu diesem Thema, man sollte der UNO die Geldmittel entziehen, damit sie aufhören müsse, politisches Theater aufzuführen.

Die Deutschen sollten es sich sorgfältig überlegen, ob sie bei diesem Unfug mitmachen, nur weil die sogenannte Weltorganisation ruft und angeblich die „Weltmeinung“ auf einen deutschen Beitrag drängt. Gerade die Deutschen sollten es doch wissen, daß jeder Krieg, wo auch immer, keine Verantwortung der übrigen Welt ist. Wieso waren die Blauhelme nicht in Afghanistan? Oder in Tschetschenien?

Glücklicherweise hatten die Amerikaner beim Golfkrieg das Sagen, sonst wäre dieser Kriegsschauplatz noch heute aktiv. Was Öl-Interessen so alles bewirken können. Richtig! Wieso soll eine Nation ohne Eigeninteressen Krieg führen? Haiti oder die Falkland-Inseln sind Beispiele.

XXI

ES KANN ALLES NUR NOCH BESSER WERDEN ...

Mein geliebtes Deutschland! Jeder Mensch hat seine guten und seine schlechten Eigenschaften. Hauptsache, die guten überwiegen. Genauso ist es mit einer Nation. Wenn ich ein Deutscher wäre, dann wäre ich stolz auf mein Land, und ich würde auch optimistisch in die Zukunft blicken.

Geschmäht, geächtet, unterernährt, von Ruinen umgeben, hat dieses Volk sich hochgearbeitet und steht heute als große Wirtschaftsmacht mit einer starken Währung da.

Kinder können mit Helmen geschützt radfahren (wir haben uns als Kinder noch den Kopf angeschlagen), und Oma kriegt eine anständige Krankenpflege. Die meisten haben ein schönes Heim, und ein oder gar zwei Autos stehen vor der Tür. Zu feiern gibt es mehr als genug, und was den Urlaub betrifft, ist Deutschland an der Weltspitze. Während die Japaner in teils einfachen Verhältnissen drauflos krampfen, haben wir am Arbeitsplatz durchweg anständige, teils opulente Verhältnisse. Alle sind gut gekleidet, und die wirkliche Armut, nicht die statistische, beschränkt sich auf ein Minimum. Verhungern muß in Deutschland keiner.

Man muß sich hier keine Sorgen über das Essen von morgen machen – wie in vielen Ländern der Welt. Also hat man Zeit, die Dosenaufschrift auf gefährliche Inhalte zu studieren, sich über Würmer im Fisch aufzuregen und die armen Tiere zu

Die Rezession trifft meistens die andern.

bedauern, die fürs Essen geschlachtet werden. In Afrika wären die meisten Menschen froh, sie hätten einmal in der Woche ein Stück Fleisch. Hähnchen, in meiner Jugend ein Festmahl und für die letzte Generation ein Wienerwald-Schmaus, werden geschmäht wegen der furchtbaren Salmonellen. Man ißt Scampi, und es ist schick, Grün zu wählen, während man gleichzeitig mit einem eleganten Auto zum Italiener fährt. Die Geschäfte sind überfüllt mit Waren, das Angebot ist international, also kann man sich nur über die hochnäsige Bedienung aufregen.

Die Rezession trifft meistens die andern. Man ist schon tief bedrückt, wenn man sich nur ein Auto pro Familie leisten kann. Man will Erfolg im Beruf, also läßt man die Kinder von der Oma erziehen und wundert sich dann, wenn sie ohne Lebensziel dem Faulenzen oder gar den Drogen verfallen. Man geht nicht einfach Wandern, um die Natur zu genießen, sondern man hält sich eine ganze Bergsteiger-Ausrüstung für viel Geld. Man fliegt regelmäßig in den Süden und holt sich eine pflegeleichte Frau in Asien, wenn man keine allzu großen Chancen in der Heimat hat.

Es gibt viele Deutsche, die diese Situation als bedrückend empfinden. Prof. Dr. Erich Hauser, Präsident des Deutschen Patentamts, hat das einmal präzise in Worte gefaßt, Ursache und Wirkung genannt: „Mir drängt sich immer mehr der Eindruck auf, daß sich unser ganzes Volk irgendwie auf der Flucht befindet, einer Flucht vor dem Alltag, der Verantwortung und vor notwendigen Entscheidungen und auf der Suche nach einem zweifelhaften Lebensglück und nach neuer Identität."

„Dieses ganze, durch einen nie gekannten Wohlstand erst ermöglichte Verhalten hat dazu geführt, daß wir weltweit die höchsten Löhne und Lohnnebenkosten haben, kombiniert mit den meisten Urlaubs- und Feiertagen, der höchsten Quote von Ausfallzeiten und damit der kürzesten Jahresarbeitszeit und wohl auch der kürzesten Lebensarbeitszeit. Es ist also kein Wunder, daß sich die Krise unserer Zeit zuerst als die Krise der Wirtschaft manifestiert."

Es kann alles nur noch besser werden. Vielleicht endeckt man wieder den Wert der Familie – Cocooning nennen dies die Amerikaner –, die Schönheit der Natur ohne Spezialausrüstung und genießt ganz einfach den erarbeiteten Wohlstand. Man marschiert nicht gegen den Golfkrieg und gegen die Versenkung von Brent Spar, sondern für drogenfreie Innenstädte und gegen die immer größere Macht des organisierten Verbrechens. Es ist an der Zeit, darüber nachzudenken, woher der Wohlstand kommt, anstatt pauschal die Unternehmen für ihre wirtschaftliche Tätigkeit zu verdammen. Wenn ein Kunde ein Unternehmen verklagen kann, weil der Kaffee zu heiß war, den er sich selbst über die Beine geschüttet hat, dann weiß man, daß die eingeschlagene Richtung die falsche ist.

Der Bauer verseucht nicht den Acker mit Düngemitteln, er braucht sie, um eine gute Ernte zu sichern. Der Metzger ist kein Schlächter (übrigens früher eine positive Berufsbeschreibung!), sondern er ist ein willkommener Dienstleister. Der Chemiker ist kein Umweltverseucher, sondern er forscht und ar-

Es ist an der Zeit, darüber nachzudenken, woher der Wohlstand kommt.

beitet, um unser Leben gesünder und angenehmer zu machen. Shell ist ein Unternehmen mit Tausenden von anständigen Mitarbeitern. Es ist kein Ölmulti-Monstrum, sowenig wie die Deutsche Bank einen gefährlichen Machtfaktor in diesem Lande darstellt. Und der Autohersteller hat keinen Einfluß auf das Klima, dazu ist er zu unbedeutend im Geschick des Universums. Die Eiszeit läßt grüßen.

Die Verunglimpfung der Fleißigen durch eine Angst schürende Minderheit ist nicht nur übertrieben, sondern für das Wohlergehen des Landes gefährlich. Die linken Medien, die ultralinken öffentlichen Fernsehsender tragen viel dazu bei, ein völlig falsches Weltbild zu vermitteln. Warentests finden in nicht echtem Umfeld statt, Schauspieler werden eingesetzt, die unwahre Horrorstories erzählen, alles unter dem Vorwand der Aufklärung. Dabei geht es nur um Einschaltquoten. Glücklicherweise sind die Ermüdungserscheinungen des Publikums immer stärker, und die langweiligen Angstkanäle verlieren immer mehr Zuschauer. Ich will die ARD schon seit 20 Jahren nicht mehr sehen und rege mich regelmäßig über die Fernsehgebühren auf. Soll doch derjenige dafür bezahlen, der diesen langweiligen Sender einschalten will! Die Tatsache, daß dieses Staatsmonopol in Frage gestellt wird nach all diesen Jahren, bestätigt meine Hoffnung, daß Deutschland mittel- und langfristig auf dem richtigen Weg ist.

Wenn die Deutschen noch etwas weniger blauäugig, sondern kritisch an die Fragen der Währungsunion und den Sinn oder Unsinn eines politisch vereinten Europa herangehen, dann kann man hier in diesem Lande als Gastarbeiter guter Dinge in die Zukunft blicken.

Auch ist erfreulich, daß immer mehr Deutsche die Obrigkeit in Frage stellen. Die Diskussion um die Unfehlbarkeit des Bundesverfassungsgerichts ist ein weiteres gutes Omen. Spätestens als der Oberste Gerichtshof in Amerika entschied, daß das Verbrennen der amerikanischen Fahne erlaubt sei, weil es unter freie Meinungsäußerung fällt, hat man eingesehen, daß eine Verfassung, die die Ernennung von Bundesrichtern den Politikern überläßt, nicht ideal ist. Aber glücklicherweise gibt es in Demokratien immer wieder neue Strömungen, und es ist nichts Außergewöhnliches, daß auch höchstrichterliche Entscheidungen wieder aufgehoben werden. Das unglückliche Kruzifix-Urteil ist ein Beispiel, wie ein Oberstes Gericht die Strömungen der Gegenwart falsch interpretiert, weil die zuständigen Richter in einer anderen Zeit von anders denkenden Politikern ernannt wurden.

Heute würden mehr konservativ denkende Richter ernannt werden, aber vielleicht ist dieser Gegensatz ein guter Ausgleich, wenn die politische Strömung zu schnell und zu stark nur in eine Richtung läuft. Man sollte auch in Deutschland lernen, weniger alles schwarz-weiß zu malen. Gerichtsurteile sind irrelevant, wenn sie von der Mehrheit ignoriert werden. Auch unter den Richtern gibt es Nieten.

Der Staat ist unfähig, zwischenmenschliche Beziehungen erfolgreich zu regeln. Dazu gehören Toleranz und gegenseitiges Verständnis, die entscheidenden Grundwerte für eine gesunde Gesellschaft. Mögen die Deutschen noch mehr Toleranz und Verständnis aufbringen; dann wird diese Republik noch mehr Erfolge erzielen und weltweit noch höher geschätzt. Es kann alles nur noch besser werden.